Pastoral da Juventude

E a Igreja se fez jovem

Livros da coleção Espaço Jovem

- *Arte de criar*: dinâmicas para grupos de jovens – Paolo Parise
- *Coragem para amar*: uma experiência de conviver com a AIDS – Eni Leide Conceição Silva
- *Juventude e sagrado*: crer num mundo de muitas crenças – João da Silva Mendonça Filho, sdb
- *Leitura orante*: caminho de espiritualidade para jovens – Pe. Ray
- *Liturgia*: porta aberta aos jovens – Elmir da Silva Mendes, cssp
- *Pastoral da Juventude:* e a Igreja se fez jovem – Rogério de Oliveira
- *Projeto de vida*: rumo à meta que é Jesus Cristo – João da Silva Mendonça Filho, sdb
- *Sexualidade*: um bate-papo com o psicólogo – Ênio Brito Pinto
- *Tribos urbanas, você e eu*: conversas com a juventude – Wilma Regina Alves da Silva

Rogério de Oliveira

Pastoral da Juventude
E a Igreja se fez jovem

2ª edição – 2004

Dados Internacionais de Catalogação na Publicação (CIP)
(Câmara Brasileira do Livro, SP, Brasil)

Oliveira, Rogério de
Pastoral da Juventude : e a Igreja se fez jovem / Rogério de Oliveira ;
ilustrador Rogério Borges. — São Paulo : Paulinas, 2002. — (Coleção
Espaço jovem. Série Formação)

ISBN 85-356-0861-3

1. Igreja – Trabalho com jovens   2. Teologia pastoral   I. Borges,
Rogério.   II. Título.   III. Série.

02-3262   CDD-253.7

Índice para catálogo sistemático:
1. Pastoral da juventude : Cristianismo   253.7

Ilustrações: *Rogério Borges*
Everson L. de Paula

*Nenhuma parte desta obra poderá ser reproduzida ou transmitida por
qualquer forma e/ou quaisquer meios (eletrônico ou mecânico,
incluindo fotocópia e gravação) ou arquivada em qualquer sistema ou
banco de dados sem permissão escrita da Editora. Direitos reservados.*

Paulinas
Rua Pedro de Toledo, 164
04039-000 – São Paulo – SP (Brasil)
Tel.: (11) 2125-3549 – Fax: (11) 2125-3548
http://www.paulinas.org.br – editora@paulinas.org.br
Telemarketing e SAC: 0800-7010081
© Pia Sociedade Filhas de São Paulo – São Paulo, 2002

O Senhor colocou-nos no mundo para os outros.

São João Bosco

Este trabalho é dedicado a amigos que me ajudaram no árduo trabalho de sistematização, releitura e sugestões: Alberto, Ana Cláudia, Andréa, Camilo, Carlos Strabelli e Elisabete, Cláudia Regina, Débora, Hilário, Josué, Luciene, meus irmãos cooperadores salesianos, Nice, Onivaldo, os amigos da PJ e da PJMP da diocese de São Miguel Paulista, dos sub-regionais SP I e SP II, Ray, Renato, Rogério, seu João e dona Maria, Teca e Tegami. Muita força na caminhada. Muita luz no caminho.

Rogério

SUMÁRIO

Siglas 9
Introdução 11

CAPÍTULO I
Quem veio antes de nós? 13
A) A Ação Católica Geral 14
B) A Ação Católica Especializada 16
C) Os movimentos de juventude 20

CAPÍTULO II
O início da caminhada da Pastoral da Juventude 29
A) Primeiras iniciativas (1973–1982) 30
B) O 4º ENPJ (1983) 33
C) Mais quatro Encontros Nacionais (1984–1989) 35

CAPÍTULO III
Qual é a motivação da Pastoral da Juventude 39
A) Os pilares do entusiasmo da PJ 40
B) Quem é, afinal, esta tal PJ? 50
C) Qual a missão da PJ? 52

CAPÍTULO IV
Qual o mundo no qual a Pastoral da Juventude
trabalha? 55
A) Realidade juvenil 56
B) Realidade dos grupos de jovens 66
C) Realidade da PJ 72

CAPÍTULO V
Como a Pastoral da Juventude se organiza? 81
A) O papel dos(as) jovens 82
B) O grupo de base 84
C) Assessoria 97
D) As responsabilidades 101

CAPÍTULO VI
Qual a formação e a metodologia? 105
A) A formação integral 106
B) O método Ver, Julgar, Agir, Rever, Celebrar 116
C) A Revisão de Vida (RdV) e Revisão de Prática (RdP) 118

CAPÍTULO VII
O que há de novidade na Pastoral da Juventude? 121
A) O que mudou na PJ 123
B) A "Ônzima" ANPJ 127
C) Fatos marcantes na história recente da PJ 131
D) A 12ª ANPJB 132
E) No tempo do 2º Plano Trienal (1999–2001) 135
F) A 13ª ANPJ (2002–2005) 137

Concluindo 145
Bibliografia 147

Siglas

AC – Ação Católica

ACE – Ação Católica Especializada

ACG – Ação Católica Geral

ANPJ – Assembléia Nacional da Pastoral da Juventude

ANPJB – Assembléia Nacional da Pastoral da Juventude do Brasil

CEB – Comunidade Eclesial de Base

CELAM – Conferência Episcopal Latino-Americana

CL – Comunhão e Libertação

CNAPJB – Comissão Nacional de Assessores da Pastoral da Juventude do Brasil

CNBB – Conferência Nacional dos Bispos do Brasil

CNPJB – Comissão Nacional da Pastoral da Juventude do Brasil

CONIC – Conselho Nacional das Igrejas Cristãs

CUB – Comunidade Universitária de Base

ENPJ – Encontro Nacional da Pastoral da Juventude

GEN – Movimento Geração Nova

JAC – Juventude Agrária Católica

JEC – Juventude Estudantil Católica

JIC – Juventude Independente Católica

JOC – Juventude Operária Católica

JUC – Juventude Universitária Católica

MIJ – Movimentos Internacionais de Juventude

MUC – Movimento Cristão Universitário

ONU – Organização das Nações Unidas

PJ – Pastoral da Juventude

PJB – Pastoral da Juventude do Brasil

PJC – Pastoral da Juventude das Comunidades

PJE – Pastoral da Juventude Estudantil

PJMP – Pastoral da Juventude do Meio Popular

PJO – Pastoral da Juventude Orgânica

PJR – Pastoral da Juventude Rural

PJU – Pastoral da Juventude Universitária

PU – Pastoral Universitária

RCC – Renovação Carismática Católica

RdP – Revisão de Prática

RdV – Revisão de Vida

UNE – União Nacional dos Estudantes

Introdução

Até o ano de 1995, eu participava mais ativamente das atividades da Pastoral da Juventude (PJ) em minha comunidade. Não conhecia, entretanto, outra organização além dela. Alguns membros da equipe diocesana da PJ buscaram conhecer as realidades que não estavam organizadas de forma mais ampla, e foram visitar minha paróquia. Em razão dessa visita e dos contatos que fizemos posteriormente, fiquei conhecendo os outros níveis de organização da PJ e da novidade que brotara com a sua 11ª Assembléia Nacional.

Fui percebendo, entretanto, que a juventude dos grupos não conhecia essa realidade nacional. Muitos grupos desanimavam porque não tinham contato com a metodologia, a espiritualidade e o jeito de se fazer PJ. É na base, no grupo que se reúne toda semana, articulado, unido a outros grupos, que a realidade fermenta e o novo brota. E se isso ainda não aconteceu, é porque falhamos na estratégia de divulgar a proposta da PJ. Não fomos ousados.

Foi esse o motivo que me animou a idealizar este texto. Enquanto escrevo, penso nas coordenações de grupos de jovens que, perdidas, não conseguem caminhar e naufragam desanimadas. Conheço grupos assim e sei que você também os conhece. A metodologia da PJ deve ser divulgada. Os erros do passado precisam ser discutidos. A espiritualidade da PJ necessita ser vivida. O trabalho comum tem de acontecer.

Tentei colocar neste texto um pouco de tudo que fui assimilando nesses anos de estrada. Não me proponho a escrever nenhum tratado sobre a PJ, apenas mostrar o que aprendi com amigos e amigas que, assim como eu, botam fé na juventude. O que expresso neste trabalho já foi abordado em outros materiais, que consultei para poder expressar-me melhor, e que são citados no final para quem quiser aprofundar-se em algum tema específico.

A obra recebe o nome de *Pastoral da Juventude – E a Igreja se fez jovem*. Acredito que uma Igreja jovem é fiel as suas origens primeiras. Por isso, é uma comunidade entusiasmada, celebrativa, acolhedora, consciente da realidade à sua volta e que não tem medo de colocar a mão na massa e transformar o mundo ao seu redor de acordo com os critérios da Boa Nova de Jesus. Eis a raiz principal da PJ.

Estamos vivendo um tempo de gravidez, um tempo de espera e cuidado. É preciso avaliar, olhar para a frente, fortalecer quem está enfraquecido, preocupar-se com as dores dos jovens, anunciar a proposta do Reino de Deus e lutar para que aconteça de fato entre nós.

Conhecendo a PJ, mostraremos a verdadeira face de uma Igreja que se renova dentro da sociedade, a caminho do Reino definitivo.

O autor

Capítulo I

Quem veio antes de nós?

*Toda pessoa sempre é as marcas
das lições diárias de outras tantas pessoas.*

Gonzaguinha

A Pastoral da Juventude, da forma como a conhecemos hoje, é fruto de uma série de experiências que foram acontecendo ao longo da história. O objetivo deste primeiro capítulo é falar das organizações e movimentos existentes antes de a Pastoral da Juventude aparecer. Com base nos erros, acertos e experiências desses grupos, fomos traçando nossa caminhada e vamos começar a entender quem é a PJ.

No início do século XX, os trabalhos que envolviam os jovens eram genéricos, sem metodologia e voltados para dentro da própria Igreja. Não havia trabalho com a "juventude"[1], o que existia, sim, era o trabalho com jovens. Nos movimentos da época, os jovens eram apenas espectadores. A organização e coordenação ficava a cargo dos adultos. Embora os encontros servissem para aproximá-los, os jovens estavam sempre submissos aos adultos.

Deste primeiro período, podemos citar as Congregações Marianas, a Associação Cristã de Moços, as Filhas de Maria, os Jovens Vicentinos e a Legião de Maria como os grupos mais representativos, que começaram a mudar sua metodologia com o surgimento da Ação Católica (AC).

A – A Ação Católica Geral

Por volta de 1920, com a crescente industrialização do mundo, a sociedade estava descristianizando-se e afastando-se da Igreja, cada

---

[1] Antes do século XX, a juventude não era considerada um grupo social definido.

vez mais desacreditada. Vivíamos o período após a 1ª Guerra Mundial e a Revolução Russa. Aumentava a sombra do nazismo e do fascismo na Europa.

O Papa Pio XI (1922–1939), percebendo a gravidade da situação, lançou um desafio aos cristãos leigos: que eles, atuando organizadamente junto à hierarquia da Igreja, difundissem os princípios católicos na vida individual, familiar e social.

Fariam crescer o Reino de Deus, recuperariam a credibilidade da Igreja, tirariam o povo da ignorância religiosa e recristianizariam a sociedade, ameaçada pelo ateísmo, comunismo, liberalismo, protestantismo, modernismo, materialismo e pelas seitas. Esse desafio foi chamado de Ação Católica (AC).

A AC buscava a renovação religiosa na política, nas leis, na literatura, na ciência, na filosofia, na indústria, no comércio, nas artes, nas profissões. Foi um movimento com forte impacto no trabalho dos leigos. A princípio, podíamos perceber a submissão dos mesmos perante a hierarquia, fruto da mentalidade da época. Com a entrada nos meios específicos, a juventude que fazia parte da AC plantou a semente de uma nova sociedade e de uma nova Igreja.

No Brasil, a AC surgiu a partir de 1930, quando o país via o capitalismo desenvolver-se, as indústrias crescerem e a classe operária tomar vulto. Sua história por aqui pode ser dividida em dois períodos:

- Ação Católica Geral – ACG (1932–1950);

- Ação Católica Especializada – ACE (1950–1966).

No início, a AC brasileira seguia o mesmo modelo da AC italiana, e era formada por pessoas da classe social mais rica, que se dividiram em quatro grupos: Juventude Católica Brasileira, Homens da Ação Católica, Liga Feminina Católica e Juventude Feminina Católica. Esses grupos reunidos formaram a Ação Católica Brasileira.

Para o Papa Pio XI, era necessário investir na AC. O clero mostrava-se escasso para a missão que ela propunha. Cada indivíduo deveria ser um apóstolo no ambiente em que se encontrava. Com tal finalidade, a AC tornou-se um movimento bem organizado: defendia que em cada grupo deveria existir uma coordenação e que entre todos os segmentos houvesse uma unidade orgânica.

Os grandes momentos de formação davam-se nas Semanas Nacionais, quando eram discutidas a maneira de atuar, a organização, o uso do método Ver, Julgar, Agir, as questões de fé, as relações da Igreja com os problemas sociais, morais, com a justiça e com o crescente ateísmo, as idéias, os ambientes e as práticas modernas relacionadas com o espírito cristão.

Mesmo com o surgimento da Ação Católica Geral (ACG), que dava ao leigo a oportunidade de participar ativamente da ação pastoral da Igreja, este ainda estava submisso à hierarquia. Segundo a mentalidade da época, eles eram formados para serem passivos diante de uma Igreja clerical. Essa postura só começou a mudar após o Concílio Vaticano II (1962–1965).

B – A Ação Católica Especializada

Durante o papado de Pio XII (1939–1958), desenvolveu-se a Ação Católica Especializada (ACE). Ela teve grande influência das idéias do cônego belga Joseph Cardjin. Ele percebeu que existiam setores na sociedade em que o cristianismo não penetrava, como, por exemplo, no mundo do operariado. A religião era considerada o "ópio do povo"[2], principalmente nos setores nos quais eram mais fortes as idéias marxistas. Era necessário mudar a postura da Igreja. Não dava mais para partir de princípios abstratos, de dogmas e leis para evangelizar,

---

[2] Ópio é um tipo de droga produzida com base na papoula. As teorias marxistas, de grande influência sobre o operariado na época, comparavam a religião, que prometia o céu àqueles que suportassem passivamente o sofrimento e a exploração, sem lutar contra eles, ao ópio e seus efeitos.

e sim da vida, das necessidades, dos conflitos e dos sonhos das pessoas. Sua idéia principal era de que os jovens trabalhadores deveriam ser evangelizados por outros jovens trabalhadores. Os apóstolos da juventude eram jovens de seu próprio meio. Surgiria, dessa idéia, a Juventude Operária Católica (JOC).

Assim, baseando-se no trabalho com a juventude, desenvolve-se, amplia-se e sistematiza-se o método Ver, Julgar, Agir. Esse método baseia-se na realidade da vida dos jovens (Ver), confrontada com os valores da fé (Julgar), partindo para uma ação de transformação do meio (Agir). Esse sistema iria revolucionar a metodologia pastoral de toda a Igreja. Ele propunha que o ponto de partida fosse a vida do jovem e que ele tivesse uma atuação concreta em seu meio. Que ele fosse o protagonista em seu processo de formação, e não que fosse tratado de maneira paternalista ou autoritária.

No Brasil, durante a 4ª Semana Nacional (1950), foi oficializada a especialização da AC. Formaram-se os grupos JAC, JEC, JIC, JOC, JUC. Não houve ruptura com a ACG. Percebeu-se a necessidade de se atuar com maior profundidade em determinados meios. Estes grupos estavam unidos à Igreja mediante uma Coordenação Nacional. Os estatutos da ACE foram aprovados pelos bispos do Brasil em 1957, no final da 6ª Semana Nacional da Ação Católica.

Com o desenvolvimento da ACE, nasceu o princípio de que a resposta do Evangelho tem de ser diferente para cada meio. Os grupos surgiam nas fábricas, escolas, fazendas e universidades. A JOC (Juventude Operária Católica) foi o primeiro grupo a aparecer no Brasil. A Igreja passou a ouvir e acolher os anseios das classes trabalhadoras e a perceber a necessidade de uma pastoral popular, pois ainda voltava-se para os anseios da classe média e dos grupos de elite.

A ACE aplicou o método Ver, Julgar, Agir na preparação de líderes no processo de Formação na Ação. Introduziu o uso da Revisão de Vida (RdV) e Revisão da Prática (RdP). Os jovens analisavam suas atitudes perante os acontecimentos da vida, e avaliavam a ação que cada um desenvolvia em seu meio social. Os grupos não eram grandes. Existia a preocupação de se conhecer bem os participantes.

Nessa perspectiva de trabalho inserido na realidade, a JUC (Juventude Universitária Católica) foi o exemplo de uma presença marcante no meio universitário. A União Nacional dos Estudantes (UNE) foi composta quase que somente por católicos da JUC durante vários anos. Seu envolvimento ajudou na descoberta da dimensão política da fé. Houve um crescimento da consciência política, da certeza de que não bastava apenas a conversão pessoal; era necessário transformar as estruturas sociais, que são as raízes e a concretização das injustiças.

Dos demais grupos, podemos dizer que: o trabalho da JAC (Juventude Agrária Católica) foi pioneiro tratando-se de juventude do campo; a preocupação maior da JEC (Juventude Estudantil Católica) era nuclear novos grupos nas escolas e que, para ela, a atitude de cada membro torna-se fundamental para a mudança do meio; a JIC (Juventude Independente Católica) não teve uma preocupação social logo de início; era formada por membros da classe média, e sua atuação social só veio a acontecer anos depois de sua criação.

1. A ditadura militar

A maioria dos membros da ACE foi perseguida e torturada durante a ditadura militar. A perseguição àqueles que contestavam o sistema ainda não era tão grande quanto viria a ser. O anseio de liberdade dos jovens, principalmente daqueles inseridos na AC, acabou por conduzir a ações políticas.

A ditadura militar no Brasil durou 21 anos (1964–1985). O plano político é marcado por crescente autoritarismo, revogação dos direitos constitucionais, perseguição política, prisão e tortura dos opositores, e pela imposição da censura prévia aos meios de comunicação.

Na economia, há rápida diversificação e modernização da indústria e serviços, sustentadas por mecanismos de concentração de renda, endividamento externo e abertura ao capital estrangeiro.

A repressão do governo militar foi cruel e dura com todos os organismos e movimentos sociais que desejavam mudanças. Muitas lideranças dos grupos da ACE sofreram torturas e interrogatórios, aos quais eram submetidos os adversários da ditadura.

O Pe. Jorge Boran[3] explica o porquê dessa postura política da AC: "A evolução política da AC aconteceu num contexto em que os grupos de esquerda foram perdendo a confiança na possibilidade de soluções para os problemas sociais através do capitalismo e chegando à conclusão de que o socialismo era a única opção viável."

A radicalização política, presente no movimento estudantil, passou a fazer parte dos grupos e pessoas da AC (nos grupos da JUC e JEC), que começaram a trazer as mais diversas tendências políticas para o interior da AC. Essa radicalização política por parte de alguns integrantes da AC gerou muitos conflitos com a Igreja[4] e com o próprio movimento. Em função disso, formaram-se militantes com um estilo de fé restrito à ação, afastados da vida da Igreja, que negavam toda e qualquer expressão popular religiosa.

Os movimentos da AC acabaram em 1966 com a extinção da JUC, em razão de seus desentendimentos com a hierarquia da Igreja e com o governo militar brasileiro[5]. O crescimento da consciência crítica tornou possível perceber que as estruturas sociais eram a origem e a concretização de toda a injustiça. Com a maior utilização de meios

---

[3] BORAN, Jorge. *O futuro tem nome: juventude*, p. 28.

[4] Era um momento de mudanças muito rápidas no relacionamento fé e política. Boa parte da hierarquia não conseguia acompanhar esta nova conjuntura, e no diálogo entre eles e os jovens não se chegava a um consenso.

[5] A JOC é o único movimento de juventude sobrevivente da ACE. Está articulada no nível nacional. Em 1983, surgiu o Movimento Cristão Universitário (MCU), inspirado na mística e na metodologia da JUC, e organizados também em âmbito nacional.

políticos, aumenta o confronto entre a evangelização e a transformação da sociedade. Os jovens queriam uma reforma radical, uma revolução social, e não os meios paliativos e a adoção de projetos reformistas. Depois do fechamento da JUC, chegou ao fim a ACE.

Num quadro geral, entretanto, a AC teve papel fundamental no processo de renovação da Igreja por meio do Concílio Vaticano II. No contexto da América Latina, os bispos reunidos em 1968 em Medellín, em 1979 em Puebla, e em 1992 em Santo Domingo, reafirmaram a necessidade de se aproveitar o grande potencial da juventude na sua missão evangelizadora para a transformação da sociedade.

Não se pode negar a validade da AC na história da Pastoral da Juventude. Tomar tal atitude é renunciar a uma série de bens herdados e aprendidos. Vieram dela a utilização do método Ver, Julgar, Agir na estruturação de lideranças; a busca de uma prática baseada na realidade; a formação na ação, e não apenas teórica; a necessidade de espaços de revisão de vida e de prática; uma fé vivida no engajamento social, com pedagogias para despertar o espírito crítico; a opção pedagógica pelos pequenos grupos; estratégias para a ação pastoral; uma espiritualidade encarnada, alimentada pela vida de oração e pela inserção social; o protagonismo juvenil na evangelização e a autonomia da missão dos leigos com base no batismo, que o consagra como cristão no mundo.

C – Os movimentos de juventude

1. Os movimentos nacionais de juventude

Com o fim da AC, criou-se um vazio no trabalho "juvenil" da Igreja. Não se matou somente uma organização, aniquilou-se um propósito de vida, uma metodologia de trabalho, um modo de o jovem ser Igreja.

As iniciativas que cresceram a partir daí já nasciam sob o panorama de ditadura que existia no Brasil. O desejo mundial e, principalmente, latino-americano de trabalhar-se com a juventude despertaram no Brasil a tentativa de organização. Tomaram corpo então os Movimentos de Juventude, inspirados nos Cursilhos de Cristandade[6], de origem européia, e que já estavam presentes no Brasil no final do período da ACE. Muitos deles eram nacionais, criados pelas congregações religiosas, como Treinamento de Lideranças Cristãs (jesuítas), Construindo (salesianos), Encontro de Jovens com Cristo (redentoristas), Escola de líderes cristãos (lassalistas e franciscanos), Escalada, Amigos de Cristo, Onda, Nazaré.

Era tempo de intensa repressão política. Enquanto os remanescentes da extinta ACE tinham solidificada a imagem de um Cristo comprometido com o povo, levando à descoberta da união de fé e política, começaram a acontecer em toda parte encontros de jovens católicos, comandados por forte impacto emocional. Esses jovens saíam dali confessando abertamente a todo mundo que haviam descoberto Jesus Cristo e que isso lhes abrira um novo sentido em suas vidas.

Criava-se um encontro de três dias, no qual acontecia uma iniciação no movimento e na organização. Ocorria principalmente em paróquias, onde se reuniam cerca de 150 jovens para refletir a Palavra de Deus, celebrar a Eucaristia, rezar, cantar e festejar. Os palestrantes, a maioria adultos, davam seus testemunhos, quando falavam das mudanças em suas vidas ao se converterem a Jesus Cristo. O testemunho pessoal comovia.

---

[6] Nascidos na Espanha, os Cursilhos de Cristandade receberam este nome porque funcionavam como pequenos cursos (nos quais o testemunho evangélico era a forma mais utilizada para atrair e motivar os cursistas), para que o mundo "de costas para Deus" se tornasse mais cristão. No Brasil, desde 1962, não teve muito envolvimento com a pastoral de conjunto da maioria das dioceses nos primeiros anos.

Os movimentos nacionais de juventude voltavam-se principalmente aos problemas individuais, afetivos, psicológicos, espirituais e morais. O impacto emocional dos movimentos era a estratégia para despertar o jovem. A raiz dos problemas sociais centrava-se no egoísmo pessoal, e não fazia o(a) jovem perceber as injustiças sociais. Eles faziam experiência pessoal com Deus e descobriam em Jesus Cristo um amigão para o dia-a-dia. As celebrações eram marcadas pelas músicas, pela acolhida, pelo afeto. O esquema dos encontrões resumia-se no "gostou, chorou, ficou", só que muitos não ficavam por muito tempo.

Os movimentos tinham dificuldade de articulação com a diocese e a região, já que não possuíam posturas sociais, o que criava dificuldades com as demais pastorais. Eram bem menos dependentes do clero. O ponto positivo dos grupões de jovens era o de mudar a imagem que a juventude tinha da Igreja, uma vez que defendiam a idéia de que a "Igreja somos nós". A dificuldade consistia em articular os(as) jovens após os eventos. Reuniam-se 150 jovens num encontro; destes, oito ou dez preparariam o próximo, quando se reuniriam outros 150 jovens diferentes ("aonde foram os outros 140?").

O problema maior era dar continuidade ao processo de educação na fé. Nem sempre os mesmos jovens passavam pelos encontros. E, entre um e outro, não havia muita seqüência de temas. Existia a rotatividade de participantes e dispersão de energias. Os grupos não assumiam compromissos, despertavam pouco a consciência crítica e o protagonismo juvenil. Faltavam objetivos comuns para garantir a identidade da equipe. Os jovens eram somente formados para o engajamento interno na Igreja.

2. Os movimentos internacionais de juventude

A partir de 1970, cresceram os Movimentos Internacionais de Juventude (MIJ), organizados independentemente das dioceses. Seu funcionamento assemelhava-se ao de uma empresa. Uma diversidade de MIJ apareceu no Brasil nesse período. Cada um possuía suas características particulares que os diferenciava dos demais. Os principais movimentos eram:

a) *GEN* (Movimento Geração Nova): criado na Itália, sob inspiração de Chiara Lubic, vinculado aos focolares; valoriza o ecumenismo, o diálogo inter-religioso e a consciência planetária.

b) *Juventude Vicentina*: reformulada depois do Vaticano II; procura vivenciar junto aos jovens a espiritualidade e a prática da partilha de vida e de bens, seguindo o exemplo de são Vicente de Paula.

c) *Comunidades de Vida Cristã*: são as antigas Congregações Marianas; seguem uma espiritualidade centrada no exemplo de Nossa Senhora e nos ensinamentos de santo Inácio de Loyola.

d) *Juventude de Schoenstatt*: fundada na Alemanha; tem por finalidade formar o novo homem e a nova mulher.

e) *Comunhão e Libertação*: da Itália, deu origem às CUB's (Comunidades Universitárias de Base); dá grande ênfase ao ambiente estudantil e universitário e valoriza a formação eclesiológica.

f) *Renovação Carismática Católica*: valoriza o contato com a Bíblia, a penitência, a eucaristia, a comunhão fraterna, a fidelidade à Igreja, a renovação pelo Espírito e os carismas particulares.

g) *Juventude Franciscana*: braço jovem da Ordem Franciscana Secular; destinada a jovens leigos cujo carisma seja próximo ao dos franciscanos.

Os MIJ's possuíam estrutura internacional, com uma série de recursos tecnológicos, financeiros e organizacionais que os diferenciavam das demais atividades da Igreja. Os MIJ's não questionavam as opções partidárias e profissionais dos jovens, porém os despertavam para a experiência religiosa.

23

A maioria das características dos movimentos nacionais de juventude pode ser aplicada aos movimentos internacionais: os grupões, o testemunho pessoal, o apelo emotivo, a formação menos intelectualizada, que seguia uma linha de mensagens mais simples, de anúncio explícito da pessoa de Jesus Cristo, celebrações marcadas pela música e pelo clima de acolhimento e afeto. Outro diferencial, além do país de origem, era o fato de os movimentos internacionais terem em seus quadros, além dos assessores adultos, um bom número de sacerdotes intimamente comprometidos com os movimentos, normalmente de congregações religiosas.

Segundo o livro *Pastoral da Juventude – Sim à civilização do amor*[7], os Movimentos Internacionais de Juventude "conseguem atrair e convencer a juventude de classe média, pois lhe oferecem mensagens adaptadas à sua condição (.), sabem transmitir alegria, emoção e felicidade – quase a única coisa que tal geração busca".

Nos anos 70, os movimentos de juventude atingiram o auge de seu trabalho. Na década de 80, eles não deixaram de existir. Foram adaptando-se diante das novas realidades. A partir de 1990, percebe-se que ocorreu um forte ressurgimento deste modelo como proposta de evangelização da juventude.

3. Distinções entre a PJ e os movimentos de juventude

Há certo estranhamento nas práticas pastorais e evangelizadoras dos movimentos de juventude (em geral) e a PJ. Historicamente, isso não é novidade. No início do século XX, existiram conflitos entre as Congregações Marianas e a AC. Mais do que criar conflitos, a PJ precisa encontrar, e já vem encontrando, mecanismos de diálogo e trabalhos comuns para o bem do jovem, sem que nenhum dos dois perca sua identidade. Necessitamos buscar unidade na diversidade.

---

[7] CELAM, *Pastoral da Juventude – Sim à civilização do amor*, p. 63.

Para tentar diferenciar um do outro, lanço mão de alguns exemplos: se o grupo está mais ligado à comunidade local e aos trabalhos planejados da paróquia, chama-se PJ. Os movimentos, normalmente, dirigem-se (em função e dependência) a um movimento extraparoquial, e por isso não se encontram na caminhada da PJ. A metodologia usada pelos movimentos de juventude privilegia os grandes grupos e massas. A PJ valoriza os grupos pequenos. Os movimentos dão ênfase maior na formação espiritual, enquanto a PJ tem como uso a formação integral. Em razão da utilização deste modelo de formação, a PJ prioriza o empenho na articulação de forças políticas para o bem comum, enquanto esse tipo de prática não é contemplada por boa parte dos movimentos de juventude.

O crescimento dos movimentos que verificamos na década de 1970 voltou a acontecer a partir da década de 1990. Se, no primeiro período, a PJ era uma iniciativa que começava a crescer, na segunda etapa, teve de aprender a conviver com essa nova realidade. Muitas vezes, o estranhamento aconteceu por visões teológicas diferentes. Por exemplo, a visão de Jesus pode aparecer de maneiras distintas nas duas formas de trabalho com a juventude. Enquanto os movimentos valorizavam o "Jesus te ama", o "Jesus é 100", o Jesus que é guiado pelo Espírito, o trabalho da PJ buscava o Jesus que enaltecia os pobres e por eles fez opção, o Jesus que questionava as autoridades, que colocava o homem acima da lei. Para ambos os grupos, porém, Jesus continuava a ser o companheiro, a presença amiga que anima, orienta e conforta.

Em algumas regiões, acontecem alguns conflitos, dependendo das opções da Igreja local, que privilegia um em detrimento do outro. Nos lugares onde os movimentos são mais fortes, muitas lideranças da PJ ficam assustadas ou extasiadas com os arrebanhamentos dos movimentos de juventude e vão reproduzir as mesmas práticas: juntar jovens sem uma preocupação de formação integral, num processo de acompanhamento na fé e na consciência crítica. Isso significa que deixam de ser PJ.

4. Iniciativas de diálogo

A PJ pode aproveitar-se, vez ou outra, da metodologia dos encontros. Pode ser um meio, não um fim. O jovem que passa por eles normalmente está num estágio inicial de evangelização e com grande entusiasmo. O método, portanto, serve como isca para um trabalho mais amplo. Envolver esses jovens com a PJ, após os encontros, é uma alternativa para a integração dos grupos.

O Setor Juventude da CNBB, responsável pela PJ do Brasil e pelos movimentos de juventude, vem realizando, anualmente, Encontros Nacionais com congregações religiosas e movimentos juvenis desde setembro de 1995. O *1º Encontro Nacional* foi de troca de experiências, estudo das Diretrizes da Ação Evangelizadora da Igreja no Brasil e dos Projetos da Pastoral da Juventude do Brasil (PJB) e definição de pistas comuns de ação. O *2º Encontro*, que aconteceu em setembro de 1996, aprofundou a temática "Novas metodologias no serviço à juventude". O *3º Encontro* aconteceu em setembro de 1997, e refletiu sobre a "Mística e erótica, a mística e o corpo, no serviço à juventude". O *4º Encontro*, em setembro de 1998, teve como temática "Teologia e arte no serviço à juventude". O *5º Encontro*, ocorrido em 1999, abordou "Teologia, o jovem e o protagonismo juvenil". No ano 2000, no *6º Encontro*, vivenciou-se o tema "O processo de discernimento vocacional no trabalho com a juventude". O *7º Encontro*, em 2001, trabalhou o tema "O planejamento do trabalho com a juventude a partir das dimensões da formação integral".

Respeitando as diferenças e a identidade própria de cada um, buscando criar unidade para melhor serviço à juventude e à vida, o diálogo e a parceria já estão sendo construídos, não só via coordenações nacionais, mas também no dia-a-dia da vida dos grupos nas comunidades.

26

☑ Para questionar

1. Vimos que nos "grupos de jovens" do início do século, a juventude não tinha vez. Como é essa relação em seu grupo e nos grupos que você conhece?

2. A Ação Católica e, principalmente, a Ação Católica Especializada atraíam a juventude pelo trabalho social que faziam, motivadas pela espiritualidade que cultivavam. Em seu grupo, cultiva-se a espiritualidade que leva a uma ação concreta? Que tipo de ações vocês realizam?

Capítulo II

O início da caminhada da Pastoral da Juventude

Eu vou no bloco dessa mocidade, que não tá na saudade e constrói a manhã desejada.

Gonzaguinha

A – Primeiras iniciativas (1973–1982)

O período entre 1973 e 1978 foi marcado por algumas iniciativas da CNBB de articular experiências de uma Pastoral da Juventude. Realizaram-se nesse período dois encontros nacionais da PJ. Em 1973, no Rio de Janeiro, aconteceu o Primeiro Encontro Nacional. Em 1976, também no Rio de Janeiro, aconteceu o Segundo ENPJ. Esses dois primeiros encontros reuniram pessoas com prática de PJ, para refletir a situação e buscar caminhos de organização. Não foram tão significativos porque alguns regionais não estavam com os trabalhos de PJ organizados e não houve repercussão na maioria dos grupos de jovens.

Alguns desses grupos nasceram das iniciativas dos movimentos de juventude, outros, por meio de ex-militantes da ACE. Boa parte deles, porém, vivenciava uma tensão muito grande: ou desistiam da idéia de organizar-se, ou buscavam novos caminhos e formas para manifestar sua fé (como grupo) e se engajar. Ainda estávamos no período da ditadura militar no Brasil.

Nessa década, eram muito fortes os movimentos de encontro. Eles, porém, foram perdendo sua vitalidade com o passar dos anos. Em vários lugares, deixaram de ter a novidade dos inícios. Por ser um trabalho que mexia com muitas pessoas, possuía seus defensores impávidos e seus críticos constantes. O diálogo entre os movimentos e outras experiências com jovens era um diálogo de surdos, mas com muitas palavras.

Paralelamente a essa disputa entre os jovens dos encontros, mais espiritualistas, e os jovens "conscientizadores", mais voltados às lutas políticas, a força ia sendo despertada nos grupos paroquiais. Foi por intermédio deles que a PJ foi se afirmando.

1. Passos concretos

Em 1974, jovens do Estado de São Paulo reuniram-se em assembléia e elaboraram o documento *Princípios e Diretrizes da Pastoral da Juventude*, aprovado depois pelos bispos. Tal documento destacava alguns pontos importantes, como a necessidade de formação integral do jovem na fé, a consciência crítica, o uso da teologia da libertação e do método Ver, Julgar, Agir, a organização das coordenações diocesanas e a dinamização dos grupos de base. Em vários cantos do país, formaram-se coordenações para articulá-los. A princípio, algumas delas falharam, por terem mergulhado num vanguardismo, principalmente no final da década de 1970 e inícios de 1980, e se afastaram demais de seus grupos.

Vanguarda é o grupo mais consciente e comprometido, que vai à frente dos outros para abrir caminhos. Em nosso caso, porém, foi uma ação desligada das bases. Entende-se o vanguardismo aqui como a ação daquele que sabe tudo, sem respeitar a caminhada dos iniciantes, achando que não é necessário escutá-los para planejar as teorias de ação. Esse vanguardismo, contudo, pode ser explicado pela situação política do país. Estávamos nos primeiros anos de imposição do regime militar. Anistia, pluripartidarismo, diretas já, eram conquistas que os militantes da PJ não queriam ver perdidas.

Em 1975, aconteceu o I Concílio de Jovens em Vitória (ES), e, em 1977, o II Concílio em Lins (SP). O concílio é um momento de partilha das diversas experiências de jovens de nosso país. No concílio de 1977, iniciou-se a articulação da Pastoral Universitária.

Em 1978, foi realizado o 3º Encontro Nacional da PJ. Quatro grandes princípios foram apontados para orientar a PJ nacional:

- formar uma pastoral da juventude que seja organizada e que participe junto às demais pastorais da Igreja (Pastoral Orgânica);

- partir das necessidades dos(as) jovens, principalmente dos mais empobrecidos, e dos contatos com a realidade (opção que se confirmaria em Puebla, um ano depois);

- atingir muitos jovens por intermédio de pequenos grupos em meios específicos (escola, trabalho, bairro) para transformar a realidade (forte influência da ACE);

- utilizar no grupo e na coordenação o método Ver, Julgar, Agir juntamente com experiências antigas e recentes (outra influência da AC).

Foi percebida grande dificuldade de articular a Pastoral Nacional, já que muitos regionais[8] não estavam organizados, ou o faziam de formas diferentes. No sul, existiam sementes da Pastoral da Juventude Rural (PJR). No Nordeste, boa parte da juventude estava unida em torno da PJMP (Pastoral da Juventude do Meio Popular). Aliás, foi de lá que o representante jovem brasileiro, na Conferência de Puebla, no México, firmou a opção preferencial da Igreja pelos pobres e pelos jovens. O *Documento de Puebla* salientou que a PJ deve levar em conta a realidade social, ajudar os jovens a se aprofundarem na fé, orientar uma opção vocacional e ressaltar a importância de uma metodologia transformadora. Vale lembrar que antes das Conferências de Puebla e de Medellín, no final do Concílio Vaticano II, quando o Papa Paulo VI despedia-se dos bispos latino-americanos, ele lhes dizia: "A juventude é a força humana da América Latina. Se os bispos não apoiarem a juventude, a Igreja não terá futuro!"

---

[8] Um regional é representado por um Estado brasileiro ou um conjunto deles. A divisão ocorre assim para facilitar o trabalho da Igreja no Brasil. O regional que engloba o Estado de São Paulo, por exemplo, é o Regional Sul I.

Tendo em vista as conclusões do 3º ENPJ, os blocos sul (Regionais Sul 1, 2, 3, 4 da CNBB) e nordeste (Regionais Nordeste 1, 2, 4, da CNBB), cada um com sua própria caminhada, inauguraram, mediante encontros inter-regionais, novas articulações e reflexões sobre a PJ. O bloco sul, a partir de 1978, organizou cinco encontros, dos quais surgiu a proposta de uma PJ originada por meios específicos.

Simultaneamente, o bloco nordeste também realizou uma articulação, como já foi dito, em torno da Pastoral da Juventude do Meio Popular (PJMP).

Falava-se, nessa época, de uma PJ conseqüente. O *conseqüente* referia-se não só à pedagogia a ser empregada, mas também à forma de organização em que se apoiava. A busca da melhor forma de organizar-se estava clara em muitos lugares, principalmente no Sul e no Nordeste. Enquanto uns defendiam uma organização por classes sociais, outros amadureciam a organização da PJ por meios específicos. Era uma discussão quente, mas feita à boca pequena.

B – O 4º ENPJ (1983)

No 4º Encontro Nacional, em 1983, embora tenha sido ressaltado que os grupos caminhassem para uma organização por meios específicos[9], uma das prioridades foi fortalecer a PJ por classes sociais[10]. As outras duas foram formação integral e metodologia e articulação, organização e coordenação. Celebrou-se dez anos de lutas pela

---

[9] Hoje, a estrutura da PJB trabalha as quatro experiências de PJ (PJ, PJMP, PJR e PJE), com uma representação paritária. Cada uma delas tem sua organização própria, porém não estão restritas a seus meios específicos tão-somente.

[10] Foi uma maneira de organizar nacionalmente a PJ surgida no final da década de 1970 e inícios de 1980, principalmente no Nordeste. Afirmava-se que não era possível trabalhar com jovens das classes populares junto aos das classes médias. Seriam necessárias duas pastorais, uma para cada classe. Foi um modelo de organização que não surtiu o efeito esperado.

organização. Embora esse encontro nacional fosse o primeiro com total representatividade dos regionais – o que foi uma vitória – este transcorreu tenso e conflitivo. As idéias eram fortes e diferenciadas. Todos sabiam ser necessária a organização, mas não era comum a todos a idéia de como se organizar. A visão classista e a visão por meios específicos chocavam-se entre discursos e lágrimas. Até os bispos presentes navegavam em águas diferentes.

O Pe. Jorge Boran assumiu, nesse encontro, a assessoria nacional da PJ, em substituição ao Pe. Hilário Dick. Todos os regionais estavam presentes, a maioria dos participantes era jovem. As experiências partilhadas desejavam caminhar juntas, mas partiam de propostas diferentes. Criaram-se alguns impasses. As votações foram difíceis. A organização por classes sociais teve prioridade.

Algumas vitórias foram conquistadas no encontro. Ressaltou-se a necessidade de um acompanhamento que levasse em conta os dois níveis de juventude: os iniciantes e os militantes. E escolheu-se, pela primeira vez, uma comissão que prepararia o encontro nacional seguinte.

No âmbito da PJ e da Igreja, também no ano de 1983, a juventude foi votada como o "destaque" mais importante entre as ações de planejamento na Assembléia Geral da CNBB para os anos de 1983 a 1986. Os jovens voltavam a aparecer com força na estrutura oficial da Igreja.

No mesmo ano ocorreu também o I Encontro Latino Americano da Pastoral da Juventude, em Bogotá, Colômbia. Percebeu-se que em vários países havia um crescimento na articulação de novos modelos de pastorais juvenis. Era preciso partilhar experiências. "As experiências vividas em cada país eram recolhidas, organizadas, refletidas e sistematizadas, para serem oferecidas, depois como orientação da ação pastoral."[11]

---

[11]CELAM. *Civilização do amor: tarefa e esperança*, p. 83.

C – Mais quatro Encontros Nacionais (1984–1989)

Vivíamos um período de abertura política, no início da década de 1980. As eleições para governadores, em 1982, e para prefeitos, em 1985, voltaram a ser diretas. Contudo, o movimento pelas Diretas Já, ocorrido em 1984, que lutava pelas eleições diretas para presidente da República, viu seu sonho ser derrubado pelo Congresso Nacional. O presidente Tancredo Neves foi eleito pelo voto dos parlamentares, em 1985.

Na economia, o país assistia ao acontecimento de uma grande recessão, no início da década. Desemprego em massa, falta de investimentos nas indústrias e nos serviços. A abertura política serviu também para a retomada de uma abertura cultural: a música popular e o rock nacional tiveram grande impulso.

Foi nesse contexto que novas ações pastorais foram definidas nos seguintes encontros nacionais da PJ:

5º Encontro Nacional (1984): abordou o fortalecimento dos regionais, o entrosamento com as pastorais específicas e uma avaliação sobre a articulação nacional. Foram trocadas idéias sobre o Ano Internacional da Juventude, e elegeu-se uma comissão nacional de assessores para desenvolver um acompanhamento que aumentasse a quantidade e a qualidade dos assessores na PJ. Nesse mesmo ano, inicia-se a articulação nacional da PJE (Pastoral da Juventude Estudantil).

6º Encontro Nacional (1985): o maior enfoque dado foi à questão da militância. Militante é o jovem que já passou por um processo de iniciação e desenvolve um trabalho prático e específico.

7ª Assembléia Nacional (1987): aqui os encontros nacionais passam a ter um caráter de assembléia, isto é, órgão máximo que toma as decisões da PJ. O destaque foi o iniciante na Pastoral da Juventude.

Muitos desafios foram lançados: tornar a PJ conhecida no Brasil, esclarecer sua metodologia, ter um projeto concreto de uma nova sociedade, motivar a participação feminina na articulação da PJ e desenvolver o lado humano (personalização) na formação do jovem. Nesse ano também se concluiu aquele que, a princípio, seria um manual da PJ, mas que se tornou fonte inspiradora de muitos trabalhos: o livro *Pastoral da Juventude – Sim à civilização do amor*, produzido pela PJ latino-americana.

8ª Assembléia Nacional (1989): o tema central foi "Pastoral da Juventude e mundo do trabalho". A grande maioria dos jovens participantes da PJ era trabalhadora e a PJ não poderia ficar de olhos fechados diante dessa realidade. Tratava-se da primeira assembléia (e única, até agora) cujo tema central não abordava diretamente as questões de organização interna da pastoral. Na assembléia, renovou-se o compromisso com os jovens empobrecidos, em especial os trabalhadores. As questões "internas" também foram discutidas. Aprovou-se, pela primeira vez, um documento no qual as funções da Coordenação Nacional, da Comissão Nacional de Assessores, da Assembléia estavam definidas.

Vale o esclarecimento do que representam as assembléias para a PJ. Elas são os órgãos máximos de decisão. Para acontecerem, as organizações se mobilizam e, de acordo com cada realidade, os grupos mandam suas valiosas colaborações. Não funcionam como algo imposto, mas como algo que brota das bases. Paróquias, dioceses, sub-regionais e regionais promovem suas assembléias para rever, aplicar e discutir os rumos a serem tomados. Com isso, cresce a consciência de maior participação. As demais assembléias serão colocadas adiante, já que se faz necessário dar maior destaque para o contexto atual da PJ.

■ 36

☑ Para questionar

1. Seu grupo consegue equilibrar o crescimento pessoal ao lado da consciência crítica?

2. Aqueles que estão começando são respeitados pelos que já têm uma caminhada?

3. A história da PJ se parece com a história de seu grupo? Em que aspectos?

4. Em seu grupo, acontece uma avaliação da caminhada de vocês como um todo? É importante, para vocês, rever a história?

Capítulo III

Qual é a motivação da Pastoral da Juventude?

*Deus chama a gente pra um momento novo
de caminhar junto com o seu povo...
Sozinho, isolado, ninguém é capaz.*

Grupo Revivendo

Para conhecermos melhor a Pastoral da Juventude e aonde ela quer chegar, é importante conhecermos onde está a motivação que a anima a caminhar. Isso facilitará, e muito, a definição do que ela seja.

Pode-se dizer que os pilares que fortalecem e reanimam os integrantes da PJ resumem-se nos seguintes: a pessoa e proposta de Jesus, a força do Espírito, a fonte mariana, a Igreja-Comunidade e o novo modelo de humanidade, centrado na vida e nos valores evangélicos.

Estes constituem-se na inspiração motivadora desta caminhada em busca do objetivo maior: o Reino de Deus. Vamos destacar esses pontos.

A – Os pilares do entusiasmo da PJ

1. Jesus Cristo e o Reino

O Reino de Deus

A motivação teológica da existência da PJ está centrada na pessoa de Jesus Cristo e sua mensagem. Jesus Cristo tem um projeto claro: o Reino de Deus. É a sua experiência e relação com o Pai que o leva a propor um jeito novo de ver, pensar, agir e organizar as relações entre as pessoas. "O Reino de Deus está no meio de vós" (cf. Lc 17,21). Mas como semente e fermento, o Reino se constrói com a acolhida e o esforço da mulher e do homem para crescer.

40

O Reino de Deus é inseparável da pessoa de Jesus. Nele, o Reino se encarna e se personifica. Com ele, se aproxima e se faz presente na humanidade (cf. Lc 11,20). Os sinais que Jesus dava eram indicativos de que o Reino estava chegando, a aurora nascendo e a fonte jorrando: "Vós não percebeis?" (cf. Is 43,19). Jesus andava e divulgava essa proposta. Algo novo nascia entre o povo, algo da vida, algo de Deus, que metia medo nos poderosos.

O Reino não é uma doutrina que se ensina, ou uma ideologia que se transmite, nem é um lugar. Não pode ser reduzido a um conceito, a um modelo político ou a um programa. O Reino é uma prática, uma atitude, uma vivência. O Reino dá sentido à história e à vida que está em processo de plena realização. É o grande ideal da vida do(a) jovem militante da PJ – e sem ideal ninguém se move. Se não se acredita e não se luta pela utopia do Reino de Deus, o motor da história pára. O Reino é um "já, ainda não". Um presente que ainda não alcançou a plenitude nem a realização definitiva (cf. Lc 21,31).

O poder, no projeto de Jesus, não é uma ação dominadora e de exploração dos pobres, e sim um serviço gratuito. A opção preferencial pelos empobrecidos deve estar encarnada em suas vidas, para, com eles, e com base neles, construir a Boa Nova da igualdade fraterna em um mundo onde caibam todos e denunciar os ídolos escravizadores do povo e dos jovens, em especial.

Jesus

Não podemos renunciar à esperança, mesmo porque acreditamos que Deus se faz presente em nossas vidas. Os outros sonhos podem cair, mas continuamos acreditando na Ressurreição e no Reino de Deus, nossas grandes utopias, das quais somos chamados a ser testemunhas (cf. At 1,8). Somos iluminados e impulsionados pelo projeto de Deus, anunciado e vivenciado por Jesus de Nazaré.

Jesus sintetiza sua missão com uma frase do profeta Isaías:

> "O Espírito do Senhor está sobre mim, pois ele me consagrou com a unção, para anunciar a Boa-Nova aos pobres: enviou-me para proclamar a libertação aos presos e, aos cegos, a recuperação da vista; para dar liberdade aos oprimidos e proclamar um ano de graça da parte do Senhor" (Lc 4,18-19).

A missão do cristão de hoje deve ser a mesma de Jesus. O ano da graça começa nele e deve continuar naqueles que o seguem.

De maneira geral, os jovens amam Jesus. O que é possível é que não gostem das pessoas e da maneira que falam dele. Alguns discursos tornam Jesus algo muito fora da realidade, e outros não trazem sua dimensão mística. Os jovens gostam da liberdade como ele vivia, como relacionava-se com as pessoas, com as autoridades, com os pobres e as mulheres e o amor que tinha por todos, sem fazer distinção, um amor que é capaz de dar a vida. Enaltecem sua paixão pela liberdade e pelo amor.

Os(as) jovens também apreciam sua exigência, sua radicalidade em favor da vida, seu compromisso com o povo. Existe nesse "gostar" alguns elementos que devem e precisam ser aprofundados para que se conheça e se viva a dimensão "reinocêntrica" da proposta de Jesus.

Ao lado de sua exigência, de seu radicalismo em querer que se abrace a felicidade da vida, há o aspecto romântico e místico do Jesus que lê os sinais da vida plena com os quais os(as) jovens e os pobres sonham, e dos quais eles mesmos são sinais. Ele pede que os cristãos sejam fermento para levedar a massa, luz para descobrir a verdade e sal para preservar da corrupção.

Outro ponto a enfatizar na formação cristológica da juventude é o do relacionamento de Jesus e seus apóstolos. Ele os reuniu, conviveu com eles, ensinou-lhes o mandamento do amor e como devem amar o próximo: doando a vida se for preciso. Depois disso, os enviou. Hoje ele convoca a juventude para estar com ele nos grupos de jovens, para que ele possa ensinar o amor e como devemos amar os outros, para depois, como os apóstolos, enviá-los para a missão.

É essencial para a PJ que os(as) jovens vivam uma profunda espiritualidade centrada na pessoa de Jesus e em seu projeto, e que os leve a estudar sua mensagem e assumir sua missão. Além de maiores conhecimentos cristológicos, são necessárias mais oportunidades para oração, meditação e celebração sobre Jesus Cristo. Nesse sentido, seria importante o cuidado de formar os jovens para uma boa vivência do Ano Litúrgico.

2. Espírito Santo

Assumir a postura de luta pelo Reino exige uma mudança interior. O texto evangélico diz-nos que ninguém se transforma ou se converte se não for motivado pelo Espírito (cf. Jo 3,5). É ele a luz que nos ilumina, o vento que nos empurra, o fogo que nos aquece e provoca o entendimento entre as pessoas (cf. At 2,1-11).

Nossa espiritualidade tem a ver com o Espírito de Deus revelado em Jesus e dado a nós como *Paraklitós*, defensor, animador, luz, alguém que constantemente está cuidando de nós para que sejamos melhores a cada dia, e vivamos conforme a vontade de Deus. Espiritualidade é tudo que se encontra em nosso coração e nos anima para a defesa da vida, para o fortalecimento da esperança. A ação do Espírito é como a água da chuva que encharca a terra seca e faz brotar a grama, as pastagens. É como a água que se joga no jardim pela manhã: vemos seu efeito na beleza das plantas e no encanto das flores que desabrocham.

A ação do Espírito Santo na Sagrada Escritura

Temos na Bíblia os relatos dos profetas que se dizem "tocados", "provocados" pelo Espírito de Javé, que os impulsionou para a missão (cf. Is 61,1-2). O profeta denuncia os erros feitos com o projeto original de Deus (cf. Jr 1,10) e anuncia a nova realidade a ser construída (cf. Is 65,17-25). A tarefa assumida pelo profeta é motivo para sermos perseguidos pelos poderes dominantes, mas a certeza da força do Espírito nos dá coragem (cf. Ez 2,1-8).

Jesus também era conduzido pelo Espírito (cf. Lc 4,1); disse que foi ele que o consagrou para a missão (cf. Lc 4,18-19). Como presença permanente em nosso meio, desmascarando os erros de nossa realidade, o Espírito Santo age como advogado, intercessor e consolador, solicitado por Jesus e dado pelo Pai (cf. Jo 14,16-17; 16,7-8; Rm 8,16-17). E é ele quem nos dá o dom para o serviço à comunidade e para o bem comum (cf. 1Cor 12,13-21).

Devemos nos deixar guiar pelo Espírito de Deus que transforma os tímidos em corajosos profetas do Reino e da Ressurreição (cf. Jo 20,21-22; At 2,32-33). Abrir-se à ação do Espírito é assumir a proposta do Reino. Não somos nós que mostramos ao Espírito os caminhos a percorrer, mas é ele que nos move para perceber e acolher o que ele mesmo já está fazendo em nós e no mundo.

A espiritualidade cristã

A espiritualidade cristã é algo que brota do coração do Senhor. Olhando para Jesus, vemos que o Espírito de Deus o impelia constantemente para o encontro com os outros – pobres, doentes, crianças, mulheres, excluídos – e também para o encontro com o Pai na oração silenciosa em que acolhia e ouvia a vontade dele para a sua missão. Para nós, seguidores de Jesus, a dimensão da espiritualidade será sempre mais descobrir a vontade de Deus em nossas vidas.

O Espírito Santo é a liberdade por essência.

"O vento sopra onde quer e ouves a sua voz, mas não sabes de onde vem, nem para onde vai. Assim é também todo aquele que nasceu do Espírito" (Jo 3,8).

A juventude é amante da liberdade e é quem faz sua busca com maior intensidade. A apresentação da novidade de Jesus é sempre motivada pelo Espírito Santo.

Neste terceiro milênio, somos convidados a evangelizar com criatividade, apresentando a novidade evangélica com o selo da liberdade de Jesus. A tarefa, porém, não é fácil. É necessário começar tudo de novo. É o Espírito quem faz recriar de novo. É ele quem nos conduz para além daquilo que somos. É ele quem nos faz evangelizar.

Nosso trabalho pastoral consiste em perceber as manifestações dessas experiências, compreender seus apelos e seus sentimentos, à luz da Boa Nova de Jesus, e atentar para o que esses fatos irão resultar. O Espírito que defende e continua a missão de Jesus ensina-nos a não dividir e subtrair forças, mas a somar e multiplicá-las para que o Reino aconteça. Quem se deixa guiar pelo Espírito de Deus sabe que o caminho se faz caminhando. Que esta abertura à ação do Espírito de Javé nos leve a uma séria conversão e mudança de métodos, para que germine a mensagem de Cristo nos jovens.

3. Igreja-comunidade

Partindo da visão de Jesus, a PJ também vê a Igreja como o sinal de esperança de um mundo novo. Nessa perspectiva, a Igreja é aquela que:

- acolhe;
- anuncia e denuncia;
- evangeliza e se incultura;
- é família de Deus;
- liberta profeticamente;
- é lugar de comunhão e participação;
- é Povo de Deus;
- é ministerial;
- se fortalece com o testemunho de santos e mártires;
- celebra a vida;
- chama os jovens à missão;
- opta pelos pobres, sendo despojada;
- compromete-se solidariamente;
- é jovem com os jovens;
- está presente com Maria;
- celebra a vida no mistério de Cristo.

A comunidade que se formou em torno de Jesus, e que continuou seu projeto, também é um exemplo significativo para nós. Toda experiência verdadeira de Deus traz profundas mudanças nas relações humanas. Quais as características dessa comunidade?

- alegria no sofrimento (cf. Jo 16,20-22);
- relação de amizade e não de servidão (cf. Jo 15,15);
- desapego e partilha de bens (cf. Mc 10,29s; At 2, 42.44-46);
- igualdade entre homem e mulher; não existem privilégios (cf. Mt 19, 7-12);
- perdão e reconciliação (cf. Mt 18,15-18);
- oração em comum (cf. Mc 6,41);
- poder como serviço (cf. Lc 22,25-26);
- relações de igualdade no tratamento (cf. Mt 23,8-10).

Como nos diz o documento da CNBB, "queremos participar e fazer acontecer uma Igreja profética, libertadora, ecumênica, comprometida na luta dos empobrecidos, marginalizados e oprimidos e, a partir deles, evangelizar toda a realidade"[12]; uma Igreja desconcentrada, com diversidade de ministérios, masculina e feminina, comunidade de comunidades, que vivem e celebram a ação de Deus nas lutas do povo. Para a PJ, a Igreja fortalece-se com o testemunho concreto de tantos mártires, conhecidos ou anônimos, que atestam com suas vidas o carinho especial que Deus tem pelos pobres e pelos jovens. Precisamos alimentar a comunhão: na verdade, na honestidade e na fraternidade, para buscarmos a identidade e a missão desta Igreja-comunidade, tomando por base a fé, a caridade e a esperança. É necessário, como nos diz o Evangelho de Mateus, no capítulo 25, ter o pobre, o excluído como sinal da presença de Jesus e, conseqüentemente, possibilidade de transformação e salvação.

---

[12] CNBB. *Pastoral da Juventude no Brasil* (Estudos 44), p. 18.

■ 46

Entretanto, para a maioria dos jovens, quando se fala em Igreja, logo se pensa na Igreja instituição: Vaticano, poder temporal ou hierarquia (papa, cardeais, bispos, padres, leigos). Igreja é muito mais que isso. É a Assembléia de pessoas que foram chamadas. É todo o povo que se reúne e partilha a mesma fé. A missão da Igreja é dar continuidade ao projeto de Jesus, que é o Reino de Deus. Nós falamos muito de uma "nova Igreja" que queremos construir. Muito mais do que construir, somos convidados a ser esta nova Igreja. Somos e edificamos essas novas relações na medida em que vivemos e acreditamos nelas. É preciso dar testemunho do que se crê.

PJ: A Igreja se faz jovem!

Quando se fala em Igreja, não se pode pensar em PJ desvinculada da comunidade. PJ é a ação organizada da juventude como ação pastoral da Igreja. A formação do(a) jovem não é completa sem a vivência comunitária. A educação na fé tem na comunidade um espaço privilegiado. Participando dela e de sua vida, sinalizamos nosso compromisso com Cristo, assumido em nosso batismo. Não podemos, porém, cair na tentação de buscarmos só o que é fácil, e deixar de lado tudo que é exigente e difícil. Quem faz assim não entendeu o que é cristianismo, nem sabe o que é viver em comunidade.

Se os jovens identificam-se com a pessoa de Jesus, irão compreender e viver sua missão. Hoje, a missão de Jesus deve ser a missão da Igreja. E ela é desafiadora e tem seu preço. Confirma o amor especial de Deus pelos pobres, pequenos e injustiçados: "Felizes os que são perseguidos por causa da justiça, porque deles é o Reino dos Céus. Felizes sois vós, quando vos injuriarem e perseguirem e, mentindo, disserem todo mal contra vós por causa de mim" (Mt 5,10-11).

Os jovens cristãos são chamados a ser profetas e testemunhas do Reino entre as pessoas. Igualmente, devem ser protagonistas e construtores da nova Civilização do Amor. E não é uma tarefa para os séculos futuros. É uma responsabilidade urgente! A vivência eclesial, em comunidade, fortalece a opção pelo projeto do Reino, que é iniciado aqui e agora.

4. Maria de Nazaré

Pela Tradição e pelas Escrituras, sabemos que Maria era uma moça alegre e simples. Ela aprendeu a ler e interpretar as Escrituras. Era conhecedora da história de Israel e das promessas de Deus. Quando recebeu a visita do anjo que lhe fez a proposta de ser mãe do Messias, não aceitou prontamente. Quis primeiro saber como se dariam essas coisas. Com a explicação, pôs-se à disposição com fé e entrega.

Nesse sentido, Maria é um grande exemplo para toda a juventude. Aceita, sim, a missão que Deus lhe dá. Contudo, não antes de poder entendê-la melhor. Não assume aquilo que não entende. Aceita convicta, certa do que pode vir a acontecer.

Nós sabemos também que Maria era uma jovem humilde, que fora prometida em casamento a José. Eles eram um casal reconhecidamente pobre, tanto que Jesus nasceu numa estrebaria e duas rolinhas foram o sacrifício apresentado quando o levaram ao Templo.

Além de sua condição humilde, ela era mulher, o que aumentava ainda mais a carga discriminatória que sofria. Maria, porém, tinha consciência de seu corpo, e sabia como funcionava o processo reprodutivo. "Como vão acontecer estas coisas, se eu não conheço homem algum?", perguntou ao anjo, quando ele lhe anunciou a gravidez. Hoje sabemos que, apesar de toda informação, muitos(as) adolescentes desconhecem as conseqüências da relação sexual e não podem imaginar os resultados.

Maria não era egoísta. Seis meses antes de engravidar, o mesmo acontecera com sua prima Isabel, que tinha idade avançada e Maria foi ajudá-la. Hoje, é comum uma mulher ajudar a outra no período de gravidez. Aqui, entretanto, temos um caso de uma grávida ajudando a outra. Para Maria isso foi natural. A pessoa humana está acima de tudo. Auxiliar o outro é um idealismo sustentado pela generosidade, pela gratuidade e pelo amor.

No canto do *Magnificat*, Maria não se lembrou somente das preocupações próprias, mas também daquelas dos desvalidos, famintos e explorados. Deus não agia apenas no plano espiritual, não era distante ou preso ao Templo. É um Deus que quer uma nova relação entre as pessoas. Uma relação de justiça e misericórdia.

Em nossas comunidades, temos especial carinho com Nossa Senhora. Ela é reconhecida como Mãe de Deus e de todos(as) aqueles(as) que acreditam. Maria anima a caminhada do povo sofrido, rumo à libertação.

5. Nova humanidade

Jesus também revelou como deve ser a humanidade e como o Pai quer o mundo: o ser humano é filho de Deus, irmão dos outros e administrador da criação, e não "Senhor" de Deus, inimigo do irmão e explorador da criação; o mundo deve ser a casa da grande família de Deus, na qual todos se sintam bem.

A nova mulher e o novo homem têm os traços de Jesus: são livres, solidários, comunitários, proféticos, joviais, contemplativos, gente de esperança e de ação. A PJ se propõe a valorizar e reconhecer a pessoa humana em todas as suas dimensões, e enfatiza o gestar dessa nova mulher e desse novo homem, vivenciando suas diferenças e valorizando o que é próprio de cada um.

A PJ acredita na nova humanidade. Para nós, uma sociedade de pessoas novas funda-se nos valores da comunhão e da participação, da verdade e da justiça, da liberdade e da igualdade, do amor e da paz. Uma sociedade sem opressores e oprimidos, em que:

- a mulher e o homem estejam acima de todo poder ou projeto, a vida, antes de qualquer outro valor ou interesse e o trabalhador(a) tenha mais valor do que o capital;

- a verdade predomine sobre a mentira e a manipulação, a ética seja mais importante que a técnica, a realidade e o testemunho falem mais alto do que os projetos e discursos.

Essa sociedade é possível porque é promessa de Deus (cf. Is 65,17-25). Creio que a imagem, o ideal da PJ estão ficando cada vez mais claros. É por isso que quem entra em contato abraça a causa e se apaixona. Na 2ª carta de Pedro, encontramos novamente esta afirmação: "O que esperamos, de acordo com a sua promessa, são novos céus e uma nova terra, nos quais habitará a justiça" (2Pd 3,13).

B – Quem é, afinal, esta tal PJ?

Entendendo as motivações que levam a PJ a caminhar, podemos ter mais clareza para compreender qual é sua identidade e sua missão. A Pastoral da Juventude Orgânica (PJO)[13] é um novo instrumento que surgiu nos países da América Latina a partir da década de 1970, motivado pelas necessidades de grupos paroquiais em vários níveis. Quatro foram os fatores que levaram ao surgimento da PJ:

- *Dispersão e isolamento*: muitos grupos fechavam-se em torno de sua realidade local e não tinham contato com as realidades de outros grupos. A PJ facilitou a comunicação e integração entre eles.

---

[13]Ser uma pastoral orgânica é estar envolvida na missão da Igreja, junto com outras pastorais, tendo organização, estrutura e articulação.

- *Falta de objetivos claros*: os jovens sabiam o que faziam, como faziam, mas poucos conheciam a motivação que os levava a participar. A PJ sistematizou um projeto de crescimento do jovem na fé e no compromisso.

- *Improvisação*: a improvisação vinha sempre quando as atividades eram baseadas em inspirações sem relacionamento com a realidade. Aparecia, também, quando existia apelo emocional forte, que provocava conversões precoces. Improvisava-se quando faltava planejamento e não se faziam avaliações constantes, e, principalmente, quando o(a) jovem não era o protagonista do processo. A PJ resgata e aprimora o método Ver, Julgar, Agir e o adapta à realidade juvenil.

- *As CEB's e a Pastoral de Conjunto*: o surgimento de uma pastoral da juventude orgânica foi a própria mudança e reestruturação que ocorreu nas pastorais da Igreja após o Concílio Vaticano II e as Conferências de Medellín e de Puebla.

A PJ não surgiu, porém, do dia para a noite. Suas motivações e objetivos foram acontecendo e se estruturando ao longo dos anos.

Como pastoral, ela é a ação da Igreja que ajuda os(as) jovens a descobrir, assimilar e comprometer-se com a pessoa de Jesus Cristo e com sua mensagem. Essa mensagem transforma os(as) jovens em homens e mulheres novos, que integram sua fé e sua vida e se convertem em agentes privilegiados na construção da Civilização do Amor.

Isso significa que PJ são todos os(as) jovens de grupos, coordenadores(as) e assessores(as) que procuram caminhar e crescer como Igreja e que se comprometem com a libertação integral do ser humano e da sociedade, a fim de viver o Reino de Deus neste mundo.

É pastoral porque nosso modelo é Jesus, nosso pastor. Fazer pastoral é fazer o que Jesus fez, é continuar sua missão. Pastoral é serviço, ação, trabalho de quem segue Jesus Cristo. Ação organizada que atende a uma realidade específica – em nosso caso, a juventude. É evangelizar. E isso não significa somente falar em Jesus, mas testemunhar por meio de nossas atitudes aquilo que ele viveu: o amor, o perdão, a humanidade, a alegria e a partilha. É ser solidário e comprometer-se com os pobres e oprimidos.

C – Qual a missão da PJ?

Durante a 13ª Assembléia Nacional da PJ do Brasil, realizada em julho de 2001, a missão das quatro pastorais da juventude foi definida e atualizada. Disse a Assembléia que a missão da PJ do Brasil é:

- organizar a ação pastoral junto à juventude e a partir dela;

- comprometer-se com Jesus Cristo e seu projeto;

- fortalecer a Igreja libertadora, com base na experiência do Cristo Ressuscitado;

- possibilitar o crescimento e o aprofundamento da fé;

- acompanhar a elaboração do projeto de vida, na perspectiva do Reino de Deus;

- partir da realidade do(a) jovem;

- garantir espaços de vivência e partilha em pequenos grupos e/ou comunidades;

- reafirmar a opção profética e transformadora pelos(as) jovens e empobrecidos(as);

- criar espaços de participação da juventude na Igreja e na sociedade, despertando a militância;

- contribuir para que os(as) jovens tornem-se protagonistas da construção da Civilização do Amor.

Realizar esta missão implica convocar e acompanhar o(a) jovem. Apresentar a pessoa de Jesus e seu projeto é o passo fundamental para sua efetivação. Esse encontro é pessoal e comunitário, para que o(a) jovem identifique-se com a vida de Jesus. Nessa experiência, ele(a) descobre uma nova maneira de ser pessoa e ser Igreja. É o pedido de Jesus: evangelize, isto é, descubra-se, viva, testemunhe e anuncie o novo estilo de ser, pensar, agir, viver, amar. É uma proposta de nova ordem, de mudança, de reconstrução, com a finalidade de compreender novamente, e melhor, o ser humano e o mundo.

Esse processo de encontro e conversão concretiza-se depois, na doação e no serviço prestado, na multiplicação da presença do Reino de Deus, como tarefa, como missão muito clara e precisa: realizar a libertação do ser humano e da sociedade, levando uma vida de comunhão e participação. Isso implica uma visão nova de todas as pessoas como filhos e filhas de Deus, e da sociedade como povo de irmãos.

Por tudo isso, a PJ precisa:

- ter o(a) jovem como seu principal protagonista;
- assumi-lo em sua realidade pessoal, social e cultural;
- apresentar-lhe um Cristo "amigo" e "companheiro de caminhada";
- animar a vivência comunitária da fé;
- colaborar para que cresça sua consciência crítica;
- educá-lo para ser "fator de mudança" na sociedade;
- prepará-lo para a comunhão e a participação mediante o trabalho pastoral de conjunto.

Volto a reforçar que a missão da PJ não está somente na formação de grupos de jovens. É algo muito mais amplo, que envolve toda a vida da comunidade, e que deve fazer com que o(a) jovem sinta-se motivado(a) a participar da vida do grupo.

Formar militantes, gente que esteja empenhada no projeto da construção da Civilização do Amor, é fundamental para a vida da PJ. Por isso, a ação do grupo precisa estar voltada também para fora da comunidade; deve-se fazer chegar a todos os jovens a proposta de Jesus. Podemos então concluir que o objetivo da PJ é fazer do(a) jovem um missionário, preparando-o(a) na comunidade e na sociedade para ser um fiel parceiro de Jesus e um cidadão consciente de seus deveres e direitos.

☑ Para questionar

1. Leiam, neste capítulo, as citações que aparecem sobre Jesus Cristo. Reflitam sobre elas e anotem o que for mais interessante.

2. Leiam Is 65,17-25 e comparem com os objetivos da PJ. Seu grupo acha que são objetivos possíveis de serem realizados?

3. Tomando por base a missão da PJ, proposta neste capítulo, o que vocês vêem em seu grupo?

Capítulo IV

Qual o mundo no qual a Pastoral da Juventude trabalha?

Nossa linda juventude, página de um livro bom. Canta que te quero, gás e calor. Claro como o sol raiou.

Flávio Venturini e Márcio Borges

Quaisquer movimentos, associações, entidades e até mesmo pastorais podem ver suas atividades "caírem por terra", se não conhecerem o terreno onde pisam. Nosso "chão" é bem concreto. Para a Pastoral da Juventude, existem três realidades que precisamos conhecer: o mundo dos jovens com os quais trabalhamos, a realidade dos grupos de jovens e como caminha a própria PJ. É necessário olhar com cuidado onde se pisa para que o esforço renda bons frutos.

A – Realidade juvenil

1. Quem são os jovens?

Para se fazer PJ, é fundamental conhecer alguns conceitos. E o primeiro deles é o próprio conceito do que é ser jovem. Segundo a Organização das Nações Unidas (ONU), jovem é aquele que está na idade entre 14 e 25 anos. Algumas correntes da psicologia definem que, hoje, a faixa etária que engloba a juventude está entre 18 e 30 anos.

Juventude não é classe nem categoria, muito menos um grupo específico e homogêneo. É muito difícil uma definição precisa, até porque tal conceito muda de acordo com a época e a história de cada grupo social em que o indivíduo, identificado como jovem, participa. O senso comum diz que juventude é o período da vida em que se dá o amadurecimento da pessoa nos aspectos biológico, fisiológico, psicológico e social. Diversos fatores influem na duração e no ritmo desse amadurecimento, como o clima, a cultura, as condições de trabalho, entre outros. É característica desse período de vida a transitoriedade e o conflito, ou seja, um tempo marcado pelo conflito entre mundos distintos. É a época de se fazer escolhas.

É na juventude, também, que se aprende a valorizar mais o subjetivo, os sentimentos e a ação. É uma fase de auto-afirmação e aprendizado. A juventude anda no meio de um mundo em mudança, assimilando, rejeitando, contestando os valores propostos e elaborando novas sínteses de vida.

O fator social influi muito na formação do(a) jovem. Ele(a) passa a pensar sua vida tomando por base aquilo que é na sociedade: se trabalha em comércio, indústria, no campo, se não trabalha, se só estuda, se também estuda, se é universitário, se é pobre ou de classe média, da cidade, da periferia ou do campo. A atuação na sociedade, e, especialmente, nos meios de produção, torna-se desde cedo um fator determinante na formação da personalidade. Conscientizar o jovem da cena social e de seu papel nela é importantíssimo no processo de sua educação. .

Segundo o Censo 2000, realizado pelo IBGE, a juventude brasileira (entre 14 e 24 anos) gira em torno de 37,6 milhões de pessoas[14], e destas aproximadamente 50,1% são homens. No início deste novo milênio, constatou-se o maior número de jovens na população brasileira. De acordo com matéria publicada no jornal O Estado de S. Paulo[15], isso se deve à alta fecundidade no início da década de 1980.

Há estimativa, por parte do IBGE, de que em 2005 esta população esteja em torno de 33,5 milhões de jovens, mas que em 2020 esteja estacionada na marca de 31,5 milhões[16]. Na América Latina, os adolescentes e jovens serão entre 25 e 30% da população.

---

[14]Aproximadamente 22,17% da população brasileira.

[15]O ESTADO DE SÃO PAULO, 27/11/1998.

[16]IBGE, Diretoria de Pesquisas, Departamento de População e Indicadores Sociais. Esta é uma projeção preliminar de população para o período 1980/2020.

Entre os quase 38 milhões de jovens de 14 e 24 anos, aproximadamente 60% são economicamente ativos. Dessa parcela, 46% trabalham sem carteira assinada e 40% são mulheres. Muitos desses jovens exercem trabalho não remunerado, e a ausência de contrato, estabilidade e outros direitos sociais é comum. O agravamento das condições de vida dos empobrecidos é um dos motivos que tem levado os jovens (e as mulheres, em geral) a ingressarem, cada vez mais cedo, no mercado de trabalho, porém com grandes dificuldades, em razão da baixa renda das famílias e do menor grau de escolaridade dos jovens.

A reestruturação produtiva, incentivada por programas de modernização tecnológica, e a implantação dos Programas de Qualidade Total promovem a redução de quase 1/3 dos postos de trabalho na indústria, e atingem especialmente a juventude, que procura o primeiro emprego e que não tem qualificação especial (outros indicadores aumentam essa porcentagem). E a maioria dos jovens não arruma emprego justamente porque não tem experiência profissional e está com a carteira profissional "em branco".

Pesquisa realizada em dezembro de 2000, pelo Instituto Indicador de Opinião Pública, a pedido da revista Época[17], revelou que o desemprego era o maior medo dos jovens que completariam 18 anos no ano 2000 e que moravam nos centros urbanos brasileiros. Em seguida, vem a violência, a Aids e a morte dos pais.

2. O que esperam os jovens de hoje?

Embora esteja diminuindo, ainda é grande a tendência de os jovens preocuparem-se com seus problemas pessoais, em vez dos grandes dilemas sociais. A revolta, o chamado "conflito de gerações", não é mais tão aparente como era há alguns anos. A maioria deles quer terminar os estudos, ter sucesso na carreira e ser feliz; fazer faculdade, arranjar um bom emprego, uma boa moradia, dinheiro; ser motivo de

---

[17] Revista Época, 18/12/2000.

orgulho para a família e viver num mundo pacífico. A política partidária não interessa muito à juventude.

A aparente liberdade de escolha dos adolescentes e jovens de classe média, às voltas com uma infinidade de possibilidades geradas pelo bem-estar material, na verdade esconde um intenso processo de massificação e adoção de valores que no passado ganhou nome de *alienação* e hoje adquiriu nova roupagem, a da *globalização*. Vive-se num mundo em mudanças rápidas, em relação à tecnologia, comunicação, informática, comportamento e cultura. Essas mudanças, principalmente as culturais, encontram na juventude um campo de experimentos muito especial. Os meios de comunicação veiculam programações com apelo em nome da "modernidade".

A globalização

O(a) jovem de hoje é aquilo que o capitalismo sempre sonhou. Ele(a) tem de estar dentro de uma das formas criadas pela indústria cultural para ser considerado normal. A globalização da juventude é extremamente interessante às agências de publicidade e aos grupos comerciais; a massificação é muito conveniente para eles em todos os aspectos. A massificação, a padronização traz inúmeras vantagens ao se vender um carro, um CD ou um refrigerante, apreciados largamente por eles(as).

Vale esclarecer que a globalização é um fenômeno mundial, em que os países quebram suas fronteiras internacionais e possibilitam o comércio de bens; além dos limites da economia, esse processo provoca certa padronização cultural entre eles. Contudo, a globalização ultrapassa as linhas de montagem ou a formação de mercado, e encontra nos jovens o terreno ideal para germinar. Essa geração vem sendo preparada para ser apática no que se refere à participação política e à mudança social. É criada para não valorizar a pessoa do outro.

A globalização, operada sobretudo via televisão, cai como uma luva na dinâmica do(a) adolescente, que tem entre suas principais características o desejo de controlar o mundo. Por meio da televisão e da Internet, o jovem tem a sensação de estar presente em todos os eventos, o que não significa, necessariamente, que ele compreenda todo o processo que se passa. Ele pode até ser solidário com a fome na África ou indignar-se com a discriminação das mulheres no Afeganistão, mas dificilmente sabe o que se passa na favela localizada a um quarteirão de sua casa; não associa essas duas realidades.

Sabemos que essa falta de mobilização política da juventude aparece com certa freqüência nos meios de comunicação social e também se dá na aparência do comportamento juvenil. A realidade, porém, não é tão triste assim, já que outro componente deve ser lembrado. A queda no interesse da juventude acontece principalmente nos meios formais, como partidos políticos, sindicatos e agremiações estudantis. Existem grupos, porém, em que esta atuação é viva. Há jovens que se sentem atraídos pela participação em atividades de cunho social e podem escolher entre vários tipos de atuação, desde os movimentos populares de bairros até as lutas de negros, mulheres, homossexuais. Há muitas Organizações Não Governamentais (ONG's) que provam isso. A maioria de seus membros é jovem.

Em sua primeira visita ao Brasil, em 1980, o Papa João Paulo II disse aos jovens:

> "Abertos para as dimensões sociais do homem, vocês não escondem sua vontade de transformar radicalmente as estruturas que se lhes apresentam injustas na sociedade. Vocês dizem, com razão, que é impossível ser feliz, vendo uma multidão de irmãos carentes das mínimas oportunidades de uma existência humana. Vocês dizem, também, que é indecente que alguns esbanjem o que falta à mesa dos demais. Vocês estão resolvidos a construir uma sociedade justa, livre e próspera, onde todos e cada um possam gozar dos benefícios do progresso".[18]

---

[18]CNBB. *A palavra de João Paulo II no Brasil* (discursos e homilias), pp. 38 e 39.

3. Os jovens e suas "tribos"

Que são as "tribos" juvenis?

A maioria dos jovens mora nos centros urbanos. Formam-se, trabalham e moldam-se na cultura urbana. O inchaço das cidades alterou completamente os valores culturais das pessoas; se antes tais valores encontravam-se no núcleo da família, hoje se dispersam no mundo urbano. Os jovens já não sentem tanto como antigamente o peso da tradição, da moral, da ética, do "tudo tem de ser assim". Valores individuais e pessoais foram substituindo valores objetivos e coletivos. A juventude é essencialmente urbana e filha dessa realidade. Encontramos aí um fenômeno cultural: as tribos urbanas. São pequenos grupos que se reúnem nas cidades por identificação e por convivência. A tribo, a gangue, a turma. Grafiteiros, *rappers*, góticos, jovens da PJ, são milhares de grupos. E é difícil ver um adolescente que não tenha sua turma, sua tribo.

São diversas "tribos" juvenis, nas quais cada um se relaciona com um tipo determinado de pessoas. É bom que o coordenador do grupo de jovens, e agente da PJ, esteja por dentro do mundo juvenil e entenda o fenômeno dessas tribos. A Igreja não é o único espaço para os jovens se encontrarem. Na melhor das hipóteses, não fica nem em segundo plano. Se não há uma verdadeira inculturação[19] no meio juvenil, não há evangelização.

Esses grupos ajudam o jovem a descobrir a própria afirmação de identidade. Eles são necessários para que o jovem possa apresentar seu EU à sociedade. Representam fonte de segurança. Os(as) jovens precisam de suas próprias normas para poderem adaptar-se à socie-

---

[19]A inculturação é o processo de penetração do Evangelho no cotidiano, de tal forma que as pessoas possam expressar o Evangelho em sua cultura.

dade adulta. Na turma, mostram-se habitualmente alegres e gostam de agitação; mas, se estão sozinhos, o comportamento dificilmente é o mesmo.

Os jovens de hoje andam em grupos, os quais têm como ponto de identificação uma personalidade ou um ideal de vida. Por existir certa crise de identidade, há grande necessidade de o jovem pertencer a um grupo, bem mais acentuada que em outros tempos. Ao integrarem um bando, agem da mesma forma e vestem-se no mesmo estilo, criando uma identidade grupal. As respostas que o(a) jovem dá sobre quem é e o que quer são as mesmas que o grupo dá. Ser membro de um grupo é essencial para eles(as). É importante sentir que alguém os aceita.

O crescimento desordenado da cidade, aliado às relações sociais injustas, é outro fator de fortalecimento das tribos. A convivência diária entre desconhecidos, indivíduos que estão em contínua competição, provoca insegurança e cria um ambiente hostil. Todos esses fatores dão origem à violência nos núcleos urbanos. As pessoas, portanto, buscam o isolamento nos grupos familiares ou grupos alternativos nos quais se sintam seguras e possam reagir ao que as ameaça. Assim, as tribos são espaços em que a juventude encontra possibilidade de proteger-se do ambiente de violência. Para reagir a essa violência camuflada, eles se agrupam e, juntos, reagem à hostilidade da cidade. É como uma auto-defesa. "Na turma, a gente é mais a gente", dizem eles.

Vivemos numa sociedade fragmentada. Ela é múltipla, diversa. Não possui mais uma moral, um jeito de ser, uma ideologia. A juventude convive nesse ambiente de várias formas e jeitos de ser, não consegue ser sozinha. Sempre busca outros que sejam, de determinada maneira, parecidos com eles.

Essa é a razão de estarem juntos. E aí tanto faz ser na multidão de um *show* ou num estádio de futebol. Tem-se a sensação de prazer ao gritar pelo seu ídolo cantando, ou vibrar junto com tantos outros milhares de pessoas pelo time do coração.

Como são as tribos?

Dentro do grupo, tribo ou galera, o(a) jovem sente-se alguém. Tem uma identidade e um objetivo. Ali ele(a) pode se manifestar de acordo com aquilo que é considerado padrão pelo grupo e toma atitudes que sozinho não faria. Alguns desses grupos alcançam certo destaque e são reconhecidos pela forma agressiva de se apresentar, seja pelo visual, seja pelo comportamento.

Os jovens vivem o momento de busca de identidade, procuram o reconhecimento como pessoa em sua individualidade, ao mesmo tempo em que estão trabalhando o autoconhecimento, a descoberta de seus sentimentos, de seus anseios, do sentido de suas vidas. Isso causa insegurança e ansiedade. Os grupos de convivência ajudam a amenizar os medos e propõem um modelo de vida que dá respostas e meios concretos de enfrentar o mundo. Neles, os(as) jovens encontram o jeito de vida e um instrumento de reconhecimento dentro do corpo social. Ao pertencer a determinada tribo, o(a) jovem busca uma turma com a qual se identifique, podendo trabalhar sua própria identidade e ter no grupo o apoio necessário para expressá-la.

Também nas tribos é construída e oferecida uma linguagem própria que auxilia nesse processo de identificação pessoal e social. Os símbolos, as roupas, as músicas, os gestos, as danças, os espaços assumidos por todos são uma forma de expressão de valores e visão de mundo que constitui sua identidade: uma visão própria da morte, do sexo, da droga. Há ética, moral e valores diversos muito particulares.

Normalmente, as tribos têm seus "caciques". A juventude pós-moderna procura sempre um líder, um pai, um referencial. Alguém que lhe mostre no que crer e o que esperar. A ideologia do grupo ou da tribo, é que vai indicar o objeto dessa crença e esperança. Nós podemos pensar que os jovens hoje não querem nada com nada. É um engano. Eles querem alguém que lhes proponha valores e ideais. E que esses valores sejam vividos pelo grupo e pelo seu referencial, que é o líder da tribo.

Algumas tribos

Exemplos de "tribos" em que os jovens se dividem:

- *Mauricinhos*: e seu equivalente feminino, as *patricinhas* (com todo respeito pelos Maurícios e Patrícias). Normalmente, são da chamada classe média alta ou da sociedade emergente. Têm carro, celular, computador, freqüentam festas badaladas, gostam de aparecer em colunas sociais, são viciados em *shopping centers* e antenados em tudo que possa parecer sinal de qualquer modismo.

- *Geração trash*: nela o quente é curtir filmes classe B, ouvir música de qualidade discutível (se bem que é possível discutir qualidade sobre qualquer música), ingerir comida não tão saudável, não por masoquismo, mas por diversão. Na "lixocultura", é de bom tom falar mal da ecologia, dos que malham o corpo e dos politicamente corretos.

- *Geração shopping center*: é a chamada geração fútil da década de 1990. Muito já se falou a respeito do consumismo, da fidelidade às marcas, do temperamento determinado e do individualismo dessa geração. Seus objetivos e ambições são os mesmos e mudam de temporada para temporada, acompanhando as tendências mundiais que vêm, na maioria das vezes, das telas do cinema, das propagandas publicitárias e dos comportamentos dos ídolos *pop*.

- *Pit boys*: brigam à toa, por nada, e batem uns nos outros usando uma crueldade sádica, como se esse fosse o único prazer de que desfrutam na vida. Mais do que brigar, na verdade, eles preferem espancar, se possível até a morte, pessoas indefesas, colegas mais fracos. Alguns são lutadores de *jiu-jítsu* e muitos criam os cachorros da raça *pit-bull* como instrumentos de guerra e ataque.

- *Fãs das "boys bands"*: só mudam o rótulo. Talvez estejam entre as tribos mais "antigas". Tomaram fôlego e apareceram com mais clareza para a mídia na época da Jovem Guarda, dos Beatles. São as fãs (e os fãs também) dos grandes artistas (músicos, em especial). Freqüentam fã-clubes, colecionam recortes de jornais e revistas, figurinhas, ingressos de *shows*, numa devoção praticamente religiosa. Algumas pessoas deixam de lado a vida pessoal para viver essa "idolatria".

- *Geração saúde*: freqüentadores assíduos das academias de ginástica, levam a vida em função da busca dos corpos perfeitos. Só se alimentam de comidas saudáveis, os refrigerantes são trocados por sucos e bebidas isotônicas e sua música é a famosa *dance music* originária dos Estados Unidos.

- *Metidos a classe média*: egocêntricos e conformados, estes jovens olham-se no espelho e perguntam-se sobre seu papel no mundo. Sem grandes feitos, contentam-se com uma vaga na faculdade, um emprego, uma vida estável. E só. Não têm sonhos de igualdade.

- *Torcidas organizadas*: movem-se num grande fanatismo por determinado time, em sua imensa maioria de futebol. Nos jogos, gritam palavras agressivas aos times adversários. Nos meios de transporte, por andarem sempre juntos, promovem atos de vandalismo. Algumas delas foram fechadas e outras estão proibidas de comparecer aos estádios por causa de atos de violência. Há de se notar, porém, a dedicação com que estes jovens se entregam à causa. Muitos deles passam noites preparando bandeiras, faixas e fogos para levá-los aos jogos de seus times e enfrentam horas de viagem para vê-los jogar em outros Estados.

B – Realidade dos grupos de jovens

1. Ação *na* ou *para* a comunidade?

Na PJ, temos a visão de que os grupos de jovens católicos são nossa base de sustentação e sinal visível. A maioria deles nasceu e/ou vive ligada ao campo eclesial: foram criados por padres, freiras, religiosos, ou ingressaram em grupos de catequese, perseverança ou crisma. Existem ainda os que surgiram e/ou vivem sob a "coordenação" de algum casal, ou têm algum movimento de juventude como referência. Quer dizer, têm o religioso como referencial maior em sua existência como grupo.

Por isso mesmo, a condição para se reunirem nos espaços físicos da comunidade eclesial é que trabalhem *na* e *para* a Igreja. Conforme o modelo de Igreja, mais ou menos aberto, ou seja, mais sacramental, mais libertador, mais social, mais litúrgico, mais profético, que estiver na cabeça dos líderes eclesiásticos, o grupo terá uma ação e formação mais voltada à vida social.

Um problema que comunidades, líderes religiosos (sacerdotes, religiosas e seminaristas) têm com os grupos de jovens é a permanência destes na comunidade. Reclama-se por demais da presença inconstante dos membros no grupo. No processo de crescimento do jovem no grupo, a PJ acredita que eles não vêm para ficar "eternamente" e a finalidade do grupo não é "prender ou manter" os jovens, mas prepará-los para a vida. É claro que alguns se sentem chamados a servir na coordenação e em outros serviços internos do grupo. E é bom que seja assim, porque, sem essa contribuição, o grupo não se mantém, morre e deixa de ser o espaço e ambiente de acolhida, amizade, formação e preparação dos(as) jovens para a vida afetiva, religiosa e social.

Sabemos que os líderes religiosos muitas vezes são transferidos das comunidades e se isso acontece, o grupo deve ir em frente. O objetivo do grupo não é prender as pessoas e, conseqüentemente, ter muita gente.

Na realidade dos grupos de jovens, o que mais se percebe é a falta de objetivos claros e de uma coordenação capacitada. Os integrantes se reúnem para ler a Bíblia, cantar, preparar uma novena ou uma festa do padroeiro. Com a expansão de movimentos voltados mais para as questões espirituais (retomando os Movimentos de Juventude), vê-se os jovens dedicados somente ao trabalho dentro da Igreja.

Quando esses grupos mais espiritualistas tentam falar das questões extra-eclesiais da vida, algumas vezes fazem-no de forma individualista e intimista, usando exatamente a mesma metodologia que caracterizava os movimentos de juventude na década de 1970. A falta de acompanhamento desses grupos, com o tempo, leva-os à desmotivação. A leitura da Bíblia que normalmente é feita encontra-se fora de contexto e sem ligação com os dias de hoje. As reuniões não são bem preparadas, a coordenação teve pouca formação e, muitas vezes, é um pouco centralizadora.

2. Os encontros

Os encontros mais eficazes são aqueles em que todos têm oportunidade de expressar suas opiniões e intervir ordenadamente no diálogo. O(a) jovem sente-se valorizado(a) quando pode participar e sente que sua intervenção foi útil. Ao final da reunião, é importante salientar estes pontos:

- citar as conclusões e resultados, relembrando as decisões tomadas;

- dar maior importância à idéia central trabalhada ali;

- elogiar aqueles que deram contribuições positivas;

- agradecer a todos por terem vindo e, sendo o caso, marcar o próximo encontro.

Em seguida, de acordo com o costume, fazer uma prece.

Os casais, que desejarem coordenar grupos de jovens, precisam passar por uma "reciclagem", ou deixar a coordenação por conta de uma equipe jovem e acompanhá-la. A PJ tem como proposta que o(a) jovem seja o protagonista de todo o processo. A existência de coordenadores jovens serve, entre outras coisas, para apresentar ao grupo um modelo, um exemplo mais próximo de como ser um(a) jovem cristão(ã) comprometido(a).

É preciso possibilitar uma espiritualidade criativa, dinâmica, alegre, que ajude os(as) jovens a descobrirem seus dons e a comprometerem-se com a transformação da realidade. Por exemplo, quantos jovens são crismados todos os anos? Como foi a vivência da espiritualidade nesses grupos? É importante valorizar as manifestações litúrgica e sacramental, especialmente no período da catequese de Crisma. Incentivando a expressão artística dos(as) jovens, descobrem-se muitos dons que estavam encobertos.

A improvisação na realização das reuniões é uma prática que precisa ser abandonada. Não dá mesmo para fazer as coisas às pressas. Pode dar certo uma ou duas vezes, mas não dá certo sempre. É preciso preparar as reuniões pedagogicamente, para que haja crescimento. É necessário ter sempre em mente a realidade do grupo, aonde se quer chegar e estabelecer metas e prazos. Avaliações periódicas ajudam a indicar o melhor caminho.

Essa é uma questão que precisa de aprofundamento: a dinâmica do grupo. Sabemos que a juventude está na fase de experimentar as novidades. O grupo que permanece na mesma rotina em todo encontro não atrai, não motiva.

Convém estimular no(a) jovem o dom que ele(a) tem. Atualmente, o grupo que se reúne em torno do caráter lúdico tem mais chances de sucesso. Grupos de teatro, música, dança, artes plásticas caminham lado a lado com o grupo de jovens "tradicional", e muitas vezes são mais efetivos na evangelização do que as reuniões em que simplesmente se discutem só idéias. É preciso valorizar esses tipos de experiência. Os grupos são importantes para o(a) jovem na medida em que trazem para ele algum significado. Se não se percebe claramente o significado vivencial de se estar no grupo, tende-se a buscar novas experiências que sejam mais fortes, mais significativas.

3. Os integrantes

No tocante ao Crisma, a preparação para receber o Sacramento da Confirmação tem-se mostrado um bom meio para formar novos grupos de jovens ligados à PJ. Nos lugares onde a PJ e a Crisma têm bom entrosamento, a juventude obtém espaço na comunidade e responde com participação e interesse.

Os(as) jovens e adolescentes[20] entram nos grupos por diferentes motivos: o ambiente amigável e receptivo, a necessidade de partilhar suas dificuldades com os outros e a vontade de ter um relacionamento mais profundo com alguém do sexo oposto. Muitos também ingressam porque querem crescer e amadurecer na fé.

Outra questão muito séria e importante é o fechamento do grupo em si mesmo. É imperioso estabelecer que o grupo deve restringir novos membros em determinado momento de sua história, a ser fechado em si. Por metodologia, a PJ indica que eles não tenham muitos integrantes. Jesus tinha um grupo pequeno que o acompanhava: os apóstolos. Ele os escolheu e não entrou gente nova no grupo. Assim, os apóstolos puderam amadurecer na fé e fundar novas comunidades.

---

[20]Há, nos últimos anos, a diminuição na idade dos participantes dos grupos de jovens. A idade média daqueles que entram nos grupos gira em torno dos 13 anos.

Quando um grupo com certo tempo de caminhada aceita novos integrantes, torna-se necessário rever muito do que foi visto, ou então os recém-chegados ficarão sem entender nada. Não há uma sensação de progresso. Os que já estão há muito tempo acabam desanimando. Além disso, a história não se repete. Os fatos, os acontecimentos da história do grupo não voltarão a acontecer. Os novos integrantes não viveram a experiência dos jovens mais "antigos".

Isso não significa que o grupo não deva se abrir a novas experiências. O contato com outros grupos de jovens abre horizontes. Proporciona um fortalecimento da comunidade. Assim também era no tempo de Jesus. Quando ele dizia que os discípulos deveriam abandonar pai e mãe e irmãos para propagar a Boa Nova (cf. Mc 10,29-30), era para que extrapolassem o círculo familiar e se abrissem para o mundo. Ele alargou o conceito de família – "Quem faz a vontade de Deus, esse é meu irmão, irmã e mãe" (cf. Mc 3,33-35). Conhecer a realidade do povo, como fez Jesus, aproximar-se de quem precisa: essa é a necessidade apontada aos grupos de jovens. Descobrir realidades diferentes, alargar o conceito de grupo.

É ali o espaço que fará com que o jovem amadureça e descubra seu papel na comunidade, na sociedade, e possa levar adiante a missão de Jesus. O objetivo do grupo é divulgar a proposta e a pessoa de Jesus ao(à) jovem, e ajudá-lo(a) na ação transformadora da sociedade, movido(a) pela fé com dinamismo, alegria e amor, como cristão(ã) e cidadão(ã) consciente de sua missão.

4. A coordenação

A relação do coordenador(a) com os membros do grupo deve ser autêntica. É importante conversar com as pessoas olhando nos olhos, com brilho, com alegria, com vida. Ter empatia, saber o que o grupo quer e precisa ouvir, o que vai ser útil para eles, não apenas o que o coordenador quer falar. Perceber quando algum(a) jovem é deixado(a) de lado ou participa pouco.

O coordenador(a) precisa ter a consciência também sobre o tipo de autoridade que exerce. Podemos citar algumas formas de coordenar grupos:

* Existem aqueles que possuem autoridade máxima e os jovens são meros "executores" de suas ordens. São auto-suficientes. Normalmente, são jovens apáticos que perderam o espírito de iniciativa e que são submetidos a fortes pressões afetivas. Embora aparentem maior eficácia, terminam dissolvendo-se ou caindo num mero formalismo.

* Há outros grupos coordenados por líderes que representam a figura paterna. Todos dependem de seus conselhos. Aqui a pressão afetiva é maior. Este(a) coordenador(a) quer fazer tudo sozinho e não valoriza a iniciativa alheia. O(a) coordenador(a) paternalista não vê com bons olhos o surgimento de novas lideranças.

* Ao contrário dos(as) coordenadores(as) anteriores, existe um outro tipo que não centraliza as informações. Sua norma é "deixar como está para ver como fica". Normalmente é inseguro(a). Não dá instrução nenhuma. Cada um faz como bem entende. É um tipo de liderança que gera dificuldades maiores.

* O coordenador "ideal" é o democrático. Ele sabe que contando com a ajuda de todos será mais fácil resolver os problemas. Distribuindo tarefas e ajudando os(as) jovens a descobrirem suas aptidões, ele consegue total cooperação. Os(as) jovens de um grupo assim alcançam uma autocrítica comum. O crescimento da consciência crítica é facilitado.

O(a) coordenador(a) precisa ter clareza sobre o tipo de grupo que está formando. Na PJ, os(as) jovens aprendem a partilhar seus problemas, acolher e ajudar uns aos outros. Também se reúnem periodicamente e têm necessidades e interesses semelhantes. É necessário distribuir tarefas para despertar novas lideranças e possuir um mínimo de organização. É preciso também estar bem plantado em sua realidade, preocupado com a evangelização de outros(as) jovens e disposto(a) a apoiar o nascimento de diferentes grupos, e não apenas pensar em conseguir novos adeptos.

C – Realidade da PJ

Vivemos hoje um período de esperanças pelo novo milênio que se inicia. É tempo de grandes reflexões, tempo de mudança. Você, lendo a história da PJ, vai ver que estamos em transformação. É hora de acalentar novos sentimentos e esperanças, de reforçar atitudes de solidariedade efetiva com os pobres, jovens e excluídos pela sociedade.

É tempo de clamar pela justiça social. A missão e cidadania e os projetos da Pastoral da Juventude do Brasil devem ser alimentados por uma espiritualidade e mística profundas. É tempo de gestos ainda mais concretos de ecumenismo com outras Igrejas, de diálogo com movimentos juvenis e congregações religiosas, fixando-se como ponto de aproximação o amor pela causa juvenil.

1. A PJ nos documentos da Igreja

No *Documento de Santo Domingo*, lemos que é hora de ampliar parcerias com organizações eclesiais e laicas, que assumem com ousadia e transparência a causa dos(as) jovens e dos pobres. É tempo de a Igreja se renovar e assumir um rosto, um coração mais juvenil e uma opção mais afetiva e efetiva pela causa dos(as) jovens e dos pobres[21].

O *Documento de Santo Domingo*, no item 113, pede que, na Igreja da América Latina, os pastores acompanhem espiritualmente e apóiem os grupos. Apresenta, ainda, a necessidade de se ter uma linha pastoral em cada país, que contribua, de maneira clara, com uma pastoral juvenil orgânica. O item 114 diz que é preciso reafirmar a opção preferencial pelos(as) jovens (proclamada em Puebla) não só de modo afetivo, mas também de modo efetivo, optando por uma PJ orgânica, tendo acompanhamento e apoio reais, com diálogo entre jovens, pastores e comunidade, com recursos pessoais e materiais das paróquias e dioceses e contemplando a dimensão vocacional[22].

Além disso, há nos documentos da Igreja uma atenção sempre especial à juventude. O item 236 das *Diretrizes gerais da ação evangelizadora da Igreja no Brasil* diz assim:

> "Atenção especial merecem os jovens, seja em consideração da sua situação social e religiosa, seja em consideração da opção preferencial assumida pela Igreja latino-americana em Puebla e retomada com ênfase em Santo Domingo. Os jovens 'são um grande desafio para o futuro da Igreja'. Eles não são apenas destinatários da evangelização, mas dela devem tornar-se sempre mais sujeitos ativos, 'protagonistas da evangelização e artífices da renovação social'. A Pastoral da Juventude, portanto, deve estar entre as principais preocupações dos pastores e das comunidades."[23]

---

[21]Cf. *Documento de S. Domingo*, item 114.

[22]É importantíssimo trabalhar a dimensão vocacional dentro da PJ. De onde sairão, senão dela, padres, religiosas, agentes de pastoral e gente comprometida com o projeto de Jesus?

[23]CNBB. *Diretrizes gerais da ação evangelizadora da Igreja no Brasil* (1999-2002), p. 145, nº 236.

O item 235 fala de uma mudança na metodologia de trabalho com a juventude, para que não aumente a distância entre as gerações. E este aviso vale para os presbíteros, agentes de pastoral e responsáveis pelas escolas católicas. E ainda alerta para a questão financeira. Vejamos o texto:

> "Essas ações demandam uma preparação específica e a busca de novas metodologias pedagógicas. Os presbíteros e outros agentes de pastoral precisam de ajuda para superar a distância entre as gerações. A nova geração tem outras perguntas, outras linguagens. As escolas católicas, também, devem renovar seu trabalho educacional para oferecer chances de educação autêntica e socialmente aberta a uma juventude marcada, especialmente nas classes médias, por uma visão utilitarista e individualista da vida e da profissão. São necessários ainda recursos financeiros para esta tarefa pastoral."[24]

A PJB tem hoje um reconhecimento da Igreja do Brasil em seus documentos. O Projeto Rumo ao Novo Milênio reconheceu oficialmente o Dia Nacional da Juventude, as Missões Jovens e a Semana da Cidadania. Esta passou a ser uma atividade nacional da PJ a partir de 1996. Ela surgiu com o objetivo de concretizar os compromissos assumidos na 11ª Assembléia Nacional, bem como dar continuidade ao tema da Campanha da Fraternidade e impulsionar os grupos de jovens a desenvolverem atividades concretas em seus ambientes de atuação.

Na exortação sinodal *Eclesia in America*[25], o Papa João Paulo II fala da importância do trabalho pastoral com os(as) jovens, seja nos ambientes

---

[24]CNBB. *Ibidem*, p. 144, nº 234.

[25]Recolhido no *site* do Vaticano, endereço http://www.vaticano.va/holy_father/john_paul_ii/apost_exhortations/documents/hf_jp-ii_exh_22011999_ecclesia-in-america_po.html

específicos, seja na comunidade eclesial. Além de indicar a necessidade constante de atualização com o mundo juvenil, o Papa incentiva que se articule o trabalho da PJ nas paróquias e dioceses, e se fortaleça as articulações interdiocesanas e internacionais:

"A ação pastoral da Igreja logra alcançar muitos desses adolescentes e jovens, mediante a animação cristã da família, a catequese, as instituições educacionais católicas e a vida comunitária na paróquia. Mas existem muitos outros, especialmente entre os que sofrem várias formas de pobreza, que se situam fora do âmbito da atividade eclesial. Devem ser os jovens cristãos, formados numa consciência missionária amadurecida, os apóstolos dos seus coetâneos. Faz falta uma ação pastoral que alcance os jovens nos seus vários ambientes: nos colégios, nas universidades, no mundo do trabalho, nos ambientes rurais, com uma adaptação apropriada à sua sensibilidade. Será também oportuno desenvolver, no âmbito paroquial e diocesano, uma atividade pastoral da juventude que leve em conta a evolução do mundo dos jovens, que procure dialogar com eles, que não exclua as ocasiões propícias para encontros mais amplos, que anime as iniciativas locais e valorize o que já se realiza a nível interdiocesano e internacional."

No final de 1997, foi publicado o *Marco Referencial* da PJB. Ele é fruto de uma longa caminhada, iniciada em 1986, quando a CNBB divulgou o documento de estudos nº 44 sobre a PJ no Brasil. Muita coisa aconteceu, diversos estudos ocorreram de lá para cá. Um pouco disso tudo está nestas páginas. O *Marco Referencial* é um documento que ajuda a situar a PJB no contexto da Igreja, da sociedade e da sua própria caminhada. É um elemento "obrigatório" na estante e nos estudos de todo integrante da PJ.

2. Os trabalhos da PJ

No âmbito dos trabalhos nacionais da PJB, algumas atividades merecem ser ressaltadas. Iniciou-se um trabalho direto com assessores(as) e coordenadores(as) diocesanos da PJB, realizando Encontros Nacionais a partir de 1997. Existem propostas de trazer a realidade nacional da PJ para os grupos. O *Jornal Juventude* é o melhor exemplo. A Internet é outra boa iniciativa que possibilita divulgar melhor a informação. Existem dezenas de *sites* com conteúdo ligado à PJB. Os encontros de militantes da PJB ligados à política, chamada Rede Minka, merece destaque também.

Houve um tempo em que a marca registrada da PJ era a reflexão social e a militância. Hoje, percebe-se que isso continua forte, mas há uma valorização da mística e das relações interpessoais. Segundo alguns estudiosos, a Igreja e a PJ vão entrar no tempo da Teologia e da Arte. Saberão trabalhar com a juventude aqueles que forem capazes de mostrar os mistérios de Deus e a beleza da vida. Mistérios que revelam Deus e mistérios que Deus revela. Por isso não se pode perder o referencial de Jesus Cristo. Podemos sofrer a tentação de apresentar um Deus desencarnado da história. Jesus deve ser mostrado como aquele que serve e está ao lado do pobre.

Jesus veio revelar um rosto novo de Deus. Ele mesmo é esse rosto: um Deus companheiro e libertador e, portanto, humanizador. Se fizermos o anúncio explícito desse Deus, se testemunharmos com nossa vida, se vivermos essa espiritualidade, o(a) jovem não rejeitará essa experiência.

Existe hoje uma tendência muito forte em algumas dioceses e paróquias que chamamos de Pastoral dos Jovens. Na prática, seria uma organização que englobaria todas as experiências de trabalho juvenil que existem na Igreja. A PJ vê essa iniciativa com olhos de preocupação. Não existe o impedimento de se trabalhar com outras experiências, em especial com os movimentos de juventude. O que é agravante nessa atitude é a tentativa de uniformizar a ação pastoral. Existem diferenças na abordagem de evangelização, na ação metodológica e nas motivações teológicas da PJ e de outras expressões juvenis na Igreja. Isso não é ruim, muito pelo contrário. É extremamente positivo que haja tal diversidade, tendo em vista que a juventude não possui um rosto único. É fundamental, portanto, que a PJ procure manter sua identidade, suas motivações, sua metodologia.

O diálogo com os movimentos de juventude, que antes era muito difícil de acontecer, hoje é mais freqüente. Falar de mística e espiritualidade já não é mais tabu; é necessidade.

No contexto da realidade da PJ, pode-se indicar algumas pistas e caminhos:

- a volta do sentimento pelo sagrado;

- o trabalho conjunto entre as PJ's na busca do bem comum;

- o projeto político da PJ e o acompanhamento aos jovens eleitos;

- a evangelização que acontece por meio das Missões Jovens;

- o trabalho com as congregações religiosas e movimentos apostólicos;

- a comunicação *na* e *da* PJ.

Estas luzes ajudam a enfrentar a realidade pós-moderna e os desafios que se apresentam ao nosso trabalho pastoral.

- A PJ deve ser um espaço para a juventude reencontrar sua identidade e desenvolver o sentido de comunidade. Já que o(a) jovem adora pertencer a um grupo, que vista a "camisa" da PJ.

- A PJ tem de trazer alguma "satisfação" ao jovem. Que se acrescente algum sentido para o aqui e o agora do(a) jovem. Que se fale do passado (história) e do futuro (utopia), mas que existam propostas concretas para o "hoje" do(a) jovem.

- A juventude apaixona-se por causas concretas e pessoas. Que possamos revelar a pessoa de Jesus Cristo e sua "causa", que é o Reino. Que saibamos apresentar esse Reino nas atitudes de Jesus, perguntando-nos todos os dias: "Hoje, o que Jesus faria?"

- A juventude tem seus sinais, símbolos e mitos. Que a PJ se comunique com o coração do jovem.

- Não é suficiente amar ou dizer que se ama a juventude. É preciso que o jovem sinta-se amado. Que se escute, compreenda, e compartilhe a vida.

☑ Para questionar

1. Como utilizar a força dos(as) jovens de viver em grupo para realizar melhor sua formação humana e cristã?

2. De que forma pode-se tornar a família e a escola comprometidas com a formação ética, moral e religiosa dos(as) jovens?

3. O que fazer para engajá-los nas lutas sociais e nos movimentos de defesa da cidadania?

4. Como levá-los a uma experiência profunda e comunitária de Deus e da vida cristã?

5. A ética e a moral sexual, apontadas pela Igreja para a vida das pessoas, estão formuladas de maneira a incentivar e despertar a adesão dos jovens? Como a apresentamos aos jovens?

6. Em sua vivência de grupo, quais os problemas e as soluções que vocês encontraram ao ler sobre a realidade dos grupos de jovens?

7. Diante da realidade da PJ, quais são as luzes que você e seu grupo conseguem ver?

Capítulo V

Como a Pastoral da Juventude se organiza?

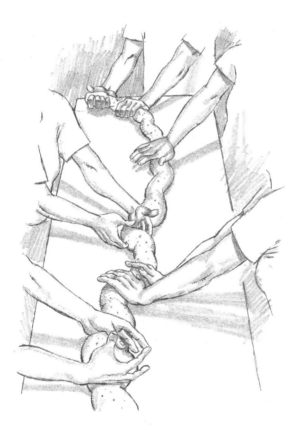

*Na caminhada, meninos, atores e cantores.
Nas CEB's, paróquias, jovem e assessor fazem PJ.*

Patrícia Pavesi

A – O papel dos(as) jovens

Uma forma de analisar a estrutura da PJ é verificar qual o papel do(a) jovem dentro dela. Ele deve ser o sujeito do processo de evangelização, ou seja, é o(a) jovem que evangeliza o(a) outro(a) jovem. Por isso, em toda a estrutura de organização, apresentada mais adiante, é ele(a) quem decide os rumos da PJ. É acompanhado(a) por assessores adultos, que devem ser testemunho de vida, colocar-se a serviço dele(a) com disponibilidade, ter preparo, reciclar sua espiritualidade, teologia, ciência humana e metodologia.

Há hoje a tendência de analisar a PJ baseando-se na figura e no papel do(a) jovem. São dele(a), e não dos assessores, o ponto de vista, as opiniões, as análises e as propostas. Prova disso é o crescimento do chamado acompanhamento pessoal. O grupo continua sendo um importante meio de articulação da juventude, mas o tratamento individual e diferenciado de cada membro apresenta-se como uma proposta pedagógica que não deve ser descartada ou deixada de lado.

Várias organizações procuram trabalhar o papel de aproximar-se do(a) jovem. Existem pelo menos cinco modos diferentes de fazê-lo:

1. *Preventivo* – Parte-se do princípio de que a juventude está "perdida", à beira do caos. Daí toda uma preocupação de evitar que os jovens "se percam". O assessor, nesse caso, dedica-se a "formar" jovens sadios para o bom funcionamento e estabilidade social.

2. *Vigilância* – Defende-se que os(as) jovens devam ser controlados(as), temendo-se que sua força agressiva e rebeldia venham a atingir a integridade das instituições. O assessor tem a tarefa de ajudar a controlar e neutralizar essa força.

3. *Integrativo* – Baseia-se na noção de que o atual modelo cultural e familiar é verdadeiro e correto. Os(as) jovens questionam esses modelos. Daí o trabalho para que se integrem nos modelos vigentes de família, Igreja e sociedade. O assessor faz a função de canal de comunicação da instituição com eles.

4. *Utilitarista* – Reconhece-se nos(as) jovens a força de transformação, por isso são utilizados para fins políticos, econômicos e ideológicos. Como exemplo: a Coca-Cola e a Benetton investem fortemente na juventude com esse fim. O assessor aqui é um porta-voz da parte interessada em contar com a força jovem.

5. *Acompanhamento* – O ponto de partida é saber que os(as) jovens são capazes de construir projetos. Trabalha-se com eles e não por eles. O interesse está em acompanhar e contribuir para sua autonomia e participação na sociedade e na Igreja. Os assessores e os jovens são companheiros da mesma caminhada, cada qual em seu posto.

A característica pluralista da juventude, juntamente com o caráter democrático, fraterno e de diálogo, é aspecto a ser mantido nas diversas instâncias da PJ. Isso favorece a participação co-responsável, tanto da pastoral quanto de todo o corpo eclesial, nas decisões, na execução e na avaliação.

B – O grupo de base

Outra forma de análise da organização da PJ – e foi assim que ela se iniciou – são os grupos de base. O grupo é a célula da PJ. Ele é a experiência central da proposta pedagógica e evangelizadora da PJ[26]. Toda organização existe em função dos grupos de jovens, mas isso não significa que ela se reduza a sua simples união. A missão da PJ é bem mais ampla. Ela não tem por objetivo atingir apenas os(as) jovens que freqüentam os grupos.

Grupos de base são grupos em que se criam relacionamentos de irmãos, confrontando a vida com o Evangelho e formando lideranças jovens para o engajamento na comunidade eclesial e na sociedade. O modelo dos grupos de base é o grupo de Jesus: os Doze. Um grupo pequeno, no qual se pode partilhar a vida e cultivar a amizade.

O que não é um grupo de base? Grupos com um número grande de membros (algo acima de 25), em que alguns dominam e outros nada opinam. Possuem um relacionamento superficial, em que existem fofocas e ciúmes. Aqueles grupos cujas atividades sociais são basicamente assistencialistas, nos quais não se consegue aprofundar um tema, ou que sejam voltadas para si mesmos. Grupos com grande rotatividade de integrantes, que a toda hora recebem gente nova e que não despertam liderança. Outros em que o coordenador privilegia uma "panelinha", que sempre o ajuda. Por fim, os que não permitem que os jovens cresçam em sua fé e consciência social.

Colocando dessa forma, creio que seja mais fácil compreender o que é um grupo de base. Nem toda reunião de juventude é grupo de base. A metodologia destes forma os jovens para um compromisso sério com sua fé e com a realidade.

Em relação à estrutura da PJ, os grupos de base são a parte mais importante. Se eles estiverem bem, toda a estrutura da PJ estará bem.

---

[26]CNBB. *Marco referencial da Pastoral da Juventude do Brasil* (Estudos 76), p. 147.

Não existe PJ se não houver grupos de jovens organizados e articulados em conjunto.

O documento da CNBB sobre a missão e ministérios dos cristãos leigos e leigas afirma:

> "Muitas vezes nossas comunidades mal merecem este nome, porque são demasiadamente grandes, massificadas, impessoais. Devemos continuar nosso esforço de estimular a formação de comunidades menores ou de grupos, que facilitem um relacionamento direto e pessoal."[27]

É o grupo que favorece a animação, a formação e a coordenação do trabalho com os jovens, mediante processos de educação e crescimento na fé. Imitando o grupo de Jesus, torna-se uma comunidade na qual se partilha vida, experiências e necessidades. Para tanto, é importante aprofundar as etapas de vida de um grupo de base.

1. As três fases de crescimento de um grupo

Existe um processo na PJ para amadurecimento, educação na fé e conscientização dos(as) jovens participantes. Nesse processo, a vida de um grupo de PJ divide-se em três partes: nucleação, iniciação e militância.

□ **Nucleação**

Na *nucleação*, a pedagogia diz-nos que o ideal é formar grupos pequenos para que as pessoas se conheçam melhor e se tornem instru-

---
[27] CNBB. *Missão e ministérios dos cristãos leigos e leigas* (Doc. 62), p. 95.

mento privilegiado de evangelização. É na nucleação que o(a) jovem vai compreender como é importante e bom conviver em grupo. É importante investir muito na integração.

Os grupos normalmente formam-se por meio do convite pessoal, pelo testemunho de outros(as) jovens já engajados, após encontros de jovens, nos festivais e eventos artísticos, depois da conclusão do Crisma, nos eventos litúrgicos mais fortes (como a Páscoa), entre tantas oportunidades.

Nessa primeira etapa, as relações pessoais são mais importantes do que a doutrina. Trata-se de uma fase em que o(a) jovem ainda não despertou para a idéia de ser fermento em seu meio. Por isso, é preciso deixar bem claro: o grupo ainda não existe só porque o pessoal está indo aos encontros. Serão necessários alguns meses de reuniões ou encontros para o grupo ser grupo de verdade! Esse tempo de "gestação" pode durar três meses ou mais.

Os(as) jovens vão se conhecendo, se integrando e descobrindo nas reuniões o que é ser grupo, sua importância, os valores de um trabalho em equipe, como organizá-lo, como atuar nele, qual será seu programa e objetivo. Essa etapa chama-se "descoberta do grupo", porque este ainda não é grupo, não é comunidade. É necessário esquentar o motor antes de dar a partida.

Alguns temas que podem ser tratados aqui devem falar dessa fase que o grupo vive, como a amizade, a boa comunicação. O possível resultado será o sentimento de união entre eles: "todos são bons e devemos fazer o possível para não surgirem conflitos".

❑ Iniciação

Estamos entrando no período da *iniciação*. É fundamental que se tenha em mente que a evangelização do(a) jovem é feita mediante um processo educativo não formal. O encontro de jovens não é aula de religião e doutrina. Transmitir a mensagem por meio da arte, da brincadeira, da música, da dinâmica, da cultura, da expressão corporal, é recuperar o sentido lúdico da evangelização juvenil.

Em muitos lugares, a PJ não consegue firmar-se por causa da atitude centralista de alguns membros da Igreja. Alguns líderes das comunidades têm dificuldade de entender o processo de amadurecimento da fé e do compromisso do(a) jovem. Sabemos que a juventude vive um período da vida voltado à aventura da liberdade, da espontaneidade, da flexibilidade e que, nessa etapa, seu sentimento diante das instituições é de rebeldia. Assumir o compromisso é um processo lento e gradual.

Ainda não é hora de grandes atividades ou projetos. É momento de formação. O(a) jovem descobre o grupo, sua comunidade, vê o problema social, percebe que não está sozinho(a) nessa caminhada (são mais de 30 mil grupos de jovens no Brasil, segundo informa o Marco referencial da PJ do Brasil),[28] e que essa empreitada possui uma organização. Descobre, também, que os problemas têm uma raiz estrutural. É a fase dos conflitos, na qual as limitações começam a aparecer. A questão não é a limitação, mas como ela é encarada. Superando-se essas dificuldades, o grupo torna-se mais unido. Avaliações da caminhada ajudam a vencer essas barreiras.

No campo afetivo, começam a surgir os subgrupos a partir das relações interpessoais. Esse momento caracteriza-se pela ansiedade e pelos questionamentos. Por um lado, sente-se o desenvolvimento e o avanço do grupo e, por outro, a preparação para saltos de independência.

□ **Militância**

O processo de *militância* é a etapa em que o jovem desperta para o compromisso sério. É momento de conversão. Possui três critérios:

---

[28]CNBB. *Marco referencial da Pastoral da Juventude do Brasil* (Estudos 76), p. 170.

- Fé amadurecida: a fé sem obras é morta (cf. Tg 2,26). A fé em Jesus Cristo é mais forte que o seguimento de qualquer ideologia. É por meio dessa fé que o(a) jovem vai perseverar.

- Compromisso: pode-se contar com o(a) jovem, ele(a) não está brincando de fazer PJ.

- Dimensão libertadora e transformadora: é líder, não se deixa manipular, tem consciência crítica.

Um grupo militante não precisa encontrar-se com a mesma freqüência que o período da iniciação, pode ser toda semana ou cada 15 dias. Mas é importante que se reúnam, troquem experiências, dores e alegrias. Assim, não perdem o vínculo com a comunidade e nasce outra forma de ser grupo. Este morre como "grupo", mas renasce como "grupos", à medida que alguns militantes investem na formação de outros jovens. Deve-se valorizar as militâncias grupais, pois elas fazem parte do processo de formação da PJ.

Os espaços de atuação estão em dois focos: o espaço pastoral e os organismos intermediários. Muitos militantes, ao saírem dos grupos, continuam a trabalhar na comunidade, na sociedade e na PJ como assessores. Verifica-se o engajamento nos movimentos sociais, nos partidos, nos sindicatos, nas uniões de moradores, no movimento estudantil, nos conselhos tutelares, na pastoral da terra, na catequese, na pastoral vocacional. Muitos optam pela vida religiosa.

Alguns jovens até conseguem desenvolver a militância nos dois espaços (no pastoral e nos organismos intermediários). Isso é importante. Quem atua nos movimentos sociais deve estar presente na comunidade para alimentar e celebrar sua fé. Seu testemunho anima quem está somente com a militância pastoral. Estes devem, pelo menos, ter um testemunho de compromisso social.

A militância se dá em três locais: na comunidade, na PJ e nos meios específicos. Chegamos ao ponto. Normalmente, a atuação na comunidade e na PJ é o caminho mais natural. Muitos(as) jovens, porém, perceberam que a evangelização poderia ficar restrita, que talvez não fosse missionária. Então dirigiram-se para onde o jovem estava: na escola, na fábrica, no campo, na periferia. A idéia, como vemos, não é nova. Ela nos lembra os momentos da JAC, JEC, JIC, JOC, JUC, que foram bons caminhos.

2. A história das PJ's específicas

A militância dos membros da PJ, saídos dos grupos de jovens, não acontece somente dentro da pastoral. Muitos partem para o trabalho nos sindicatos, partidos, ONG's e nos meios específicos. No final da década de 1970 e meados da década de 1980, considerava-se a PJ uma pastoral de iniciantes e as demais pastorais como pastorais de militantes. Essa idéia não é verdadeira, porque em alguns lugares as experiências foram nascendo independentemente da identificação com a PJ vinda das paróquias. Muitos grupos já surgiam nos meios específicos e com sua metodologia própria.

A PJMP nasceu, oficialmente, em 1979, a PU em 1980, a PJE em 1984 e a PJR em 1988. Cada uma delas possui sua Assembléia Nacional, seus assessores(as) e sua secretaria. Exceção feita à PU, todas as outras participam nacionalmente da estrutura da PJB. Por isso, diz-se que hoje temos quatro experiências de PJ (PJ, PJ Estudantil, PJ do Meio Popular e PJ Rural). Existiram ainda as experiências da PJ Trabalhadora e da PJ de Bairros Populares. Esses grupos ou extinguiram-se ou foram absorvidos pelos grupos que hoje conhecemos como PJ e PJMP.

É por causa desse emaranhado de PJ's que há tanta discussão. Nas assembléias nacionais e na organização, a representatividade dos grupos das pastorais específicas (PJE, PJMP, PJR) sempre foi menor que a dos chamados grupos de PJ vindos de comunidades. Como cada pastoral específica possuía sua própria estrutura, começaram a clamar que a PJ devesse ter a sua também e que o espaço comum entre as quatro fosse o mesmo.

Outro ponto de divergência foi que, em meados da década de 1980 e início de 1990, a administração que organizava o encontro nacional da PJ e das específicas era chamada de PJ Geral. Isso surtia uma duplicidade de sentido. Era geral porque abrangia várias experiências de PJ, ou porque gerava os militantes para as específicas? Já não mais acontecia de os grupos das comunidades gerarem seus militantes para as específicas[29]. Existiam grupos que nasciam nas próprias escolas, fábricas, sem passar por uma comunidade paroquial.

A crítica das PJ's específicas de que a PJ é só formada por iniciantes não é verdadeira. Ela está articulada em todos os regionais do país. Uma estrutura desse tamanho não se sustenta somente com iniciantes. São cerca de 30 mil grupos de jovens pelo país. De fato, há muitos iniciantes em números absolutos, mas também há muitos militantes. Nos sindicatos, partidos e ONG's existe uma boa presença de jovens vindos da PJ.

Há vários anos, as PJ's específicas reivindicavam maior representatividade. Uma proposta de solução vem sendo encaminhada desde a 9ª ANPJ. Junto com essa discussão, procura-se levar adiante a questão da especificidade da PJ "sem letra". Isso, porém, será explanado posteriormente.

3. Aprofundando as fases do grupo[30]

Voltando a falar um pouco sobre as fases do grupo, vamos tentar entender como se dá o processo de crescimento do jovem dentro e baseando-se em seu grupo de base. Crescer e tornar-se militante demanda um processo que pode levar vários anos. O grupo deve ser o espaço em que o jovem cresce em consciência crítica e é desper-

---

[29] A PJ recebeu por um bom período o nome de PJG, por ser quem gerava os militantes para as específicas.

[30] Material adaptado a partir do texto *O Jovem e o Reino: esperança e utopia* – texto de apoio para o 7º encontro do Grupo Jubileu – Diocese de São Miguel Paulista.

tado a assumir a militância que depois dará frutos sob a forma de um engajamento com a transformação social, dentro ou fora da PJ.

Ter consciência crítica significa:

- perceber a mentira, a meia-verdade, a manipulação, a demagogia;
- ter capacidade de olhar para dentro de si;
- ser sujeito de sua própria educação e formação;
- participar, como sujeito consciente, da construção da história e da transformação de uma sociedade muitas vezes injusta.

Crítica é conseguir separar o verdadeiro do falso, procurar detectar a verdade no meio de muitas informações, não se deixar conduzir pela propaganda e, em nosso caso de cristãos, achar as soluções concretas à luz dos valores evangélicos.

É dever do grupo trabalhar a formação da consciência crítica dos jovens. Em sua maioria, eles têm espírito crítico, mas não a consciência crítica. A formação da consciência crítica favorece a autonomia. Só podemos ajudar alguém a ter essa consciência se estivermos num processo contínuo. Este deve acontecer dentro do grupo. Mas é necessário ter claro que nem toda liderança tem de tornar-se coordenação. Todos(as), entretanto, precisam crescer em sua fé e em seu compromisso.

Existem grupos que nascem e morrem sem que tenham formado um militante sequer, e isso ocorre, muitas vezes, por falta de um coordenador(a) preparado ou porque o grupo faz uma caminhada separada da realidade da PJ.

Um ambiente com estímulos para a aprendizagem de novos conhecimentos contribui muito para o desenvolvimento do grupo. Cabe ao(à) coordenador(a) criar condições que estimulem o crescimento da consciência crítica dos(as) jovens. Deve-se ter em conta que esse desenvolvimento não é regido pela idade, mas que, normalmente, ocorre de maneira lenta. Paciência, portanto, é um elemento importante para o acompanhamento grupal. É bom colocar desafios, conteúdos e reflexões que estejam à frente da etapa na qual o(a) jovem se encontra. O processo de crescimento dos jovens realiza-se por etapas. Estas, podem ocorrer ao mesmo tempo, ou em outra ordem que a sugerida. No mesmo grupo podem existir jovens em fases distintas. O que aqui apresentamos é uma forma de exposição para fins didáticos:

- **Etapa de socialização** – É o primeiro contato com o grupo, em que o mais importante é fortalecer a coesão grupal e a amizade entre os membros. Aqui se fecha a *nucleação* do grupo. Nesta etapa, o coordenador busca melhorar o entrosamento entre os jovens por meio de muitas dinâmicas, brincadeiras, dias de lazer etc. É a chamada "fase cor-de-rosa", em que tudo é novidade e descoberta e o jovem sente-se acolhido pelo grupo. Aos poucos, são introduzidos elementos da metodologia da PJ, como a discussão em grupo e o método Ver, Julgar, Agir. Os temas giram em torno do cotidiano e de questões mais pessoais, como namoro, família, amizade, sexo, drogas, entre outros. As atividades do grupo têm caráter mais assistencialista, como visitas a creches, asilos, campanhas para arrecadar alimentos etc. É importante que o coordenador leve os jovens a questionar as causas dessas situações e a perceber os aspectos sociais dos problemas.

- **Etapa de aprofundamento** – O(a) jovem vai descobrindo qual é o projeto que Deus reservou para ele, no aprofundamento da Bíblia e do conhecimento do projeto de Cristo. Cada vez mais, o coordenador introduz uma reflexão bíblica à luz da realidade. Reforçam-se os momentos de espiritualidade e é bom que se promovam alguns retiros de oração ou de estudo bíblico. É importante que se utilizem cantos relacionados à vida do povo. Os jovens são levados a conhecer a pessoa de Jesus e seu projeto não apenas pela reflexão, mas também pelo testemunho pessoal do(a) coordenador(a) e de outros membros da comunidade. Por isso, eles(as) devem ser sinceros e transparentes perante o grupo. Com isso, os jovens, aos poucos, vão abandonando uma fé de simples devoção, de herança familiar, e assumindo uma fé mais comprometida.

☐ **Etapa de comunhão** – Os jovens vão descobrindo-se parte da Igreja local, paróquia ou comunidade, e percebem que o grupo tem um papel a desempenhar na Igreja de conjunto. Assumem algumas tarefas na comunidade: liturgia, festas, catequese etc. É uma etapa importante porque, com essa participação, percebem que ali eles(as) podem partilhar sua fé com outras pessoas e celebrar em comum. Na comunidade somos felizes (cf. At 2, 42-44) e alimentamos nossa fé. É importante, porém, que os(as) jovens percebam também o sentido de tudo o que fazem, caso contrário, acabarão sendo "engolidos" pelas tarefas que assumem. Como existe falta de pessoas que se dediquem às atividades da comunidade, logo eles(as) acabam assumindo uma série de tarefas, virando "pau pra toda obra". O coordenador(a), que tem função primordial nessa etapa, deve perceber a importância da vida comunitária, mas também deve ver que a missão dos jovens transcende os muros da Igreja, está voltada para a transformação da sociedade.

☐ **Etapa de descoberta** – O(a) jovem vai avançando em sua consciência por meio da discussão de temas e de ações que envolvem o meio social em que vive. Nesta etapa, o grupo passa a refletir mais sobre temas como o desemprego, a fome, a política etc. e a assumir atividades que têm em vista a mudança social. Em geral, o grupo começa a viver uma crise em conseqüência dos compromissos que assume. Tem de enfrentar a oposição de alguns membros da Igreja que não possuem uma visão mais aberta da realidade. Os integrantes que só querem saber de diversão, ao perceberem as mudanças no grupo, acabam afastando-se ou criticam o coordenador. Tudo isso caracteriza um momento de *crise*, que pode ser positiva, uma vez que indica uma transformação que está acontecendo no grupo. É hora de separar o "o joio do trigo"; aqueles que realmente estão comprometidos com o projeto de Jesus ficam, os outros saem. Isso não significa necessariamente uma perda, só quer dizer que aqueles que saíram foram até o limite do que podiam oferecer. Levarão sempre consigo o que aprenderam, e é até possível que voltem depois de um tempo. Os que ficaram aprenderão que estar no caminho do Reino exige renúncias e muita disposição para lutar. No entanto, quando começam a colher os frutos de suas ações, sentem-se recompensados e novamente cheios de esperança.

- ❑ **Etapa de militância** – Nessa fase, o grupo tem capacidade de assumir vários projetos de transformação social, individual ou coletivamente. Pode-se optar pela formação de novos grupos, além de dar continuidade às ações que já vinham desenvolvendo. Cada um decidirá o que fazer, de acordo com as exigências de sua realidade. Aqui se abre um vasto caminho de engajamento dentro ou fora da Igreja. A PJ está fervilhando de novas experiências, de novos caminhos que os jovens estão buscando no compromisso com a transformação social. O grupo torna-se sementeira para novos grupos, prontos para crescer e frutificar. Os membros devem procurar manter o vínculo, a fim de que possam continuar celebrando juntos e aprofundando sua fé. Nessa fase, é fundamental o acompanhamento de um assessor(a).

4. Os níveis de organização

Antes de prosseguir, gostaria de apresentar como é o esquema de um grupo vindo de uma comunidade, e como ele se relaciona com a estrutura da PJ. Teoricamente, é assim que acontece com a PJ.

Os jovens de uma comunidade sentem a necessidade de estarem juntos. Para atender a essa necessidade, montam os grupos. Os grupos de base, percebendo a necessidade de organização, juntam-se em torno da mesma paróquia e lançam projetos comuns. As paróquias entre si têm uma organização setorial. Forma-se uma PJ setorial.

Os setores (ou regiões, foranias, decanatos, áreas, dependendo do local) são assim divididos para melhor administração do Bispo. Existe, portanto, uma organização também na diocese.

As dioceses, para aplicar melhor as decisões vindas da CNBB, reúnem-se em conjuntos, chamados sub-regionais. Vários sub-regionais juntos formam um Regional, que pode ser um Estado brasileiro ou mais. Vários regionais (e, portanto, Estados) formam um bloco (no Brasil são cinco – Norte, Nordeste, Centro-Oeste, Sul e Leste). É dos Blocos que saem os representantes para a PJ do Brasil.

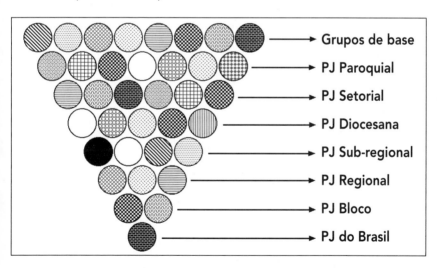

Atenção, porém: os grupos nascidos em paróquias, comunidades e os grupos de jovens dos outros meios não são a única maneira de fazer acontecer a PJ. É a forma pastoral mais utilizada na Igreja para reunir os jovens, mas é preciso ter espírito missionário para trabalhar diferentemente a evangelização juvenil.

Há outros espaços em que os jovens se encontram e se reúnem a fim de partilhar seus interesses, seus sonhos ou, simplesmente, ficar juntos. A ação pastoral deve atentar para grupos de teatro, conjuntos musicais, festivais, escolas de samba, grupos de dança e outros, pois o grupo tradicional não é o único caminho para atingir a grande diversidade da juventude. O importante é que aconteça uma verdadeira vida comunitária.

5. Questões de planejamento

Cabe ao coordenador(a) cuidar para que o grupo não se desvie do tema da reunião, ocupando bem o tempo. Ele(a) procura incentivar as idéias dos(as) participantes, levando-os(as) a discernir os melhores caminhos e a tirar suas próprias conclusões.

O planejamento necessita ser discutido com o grupo, levando-se em conta os aspectos da vida dos jovens. Por isso é bom verificar:

a) *Objetivo*: Daquilo que será feito, qual o resultado desejado e quanto tempo irá demorar.

b) *Reflexão*: Para alcançar o objetivo, o que é preciso estudar? Qual a seqüência de temas? Onde e como será? Haverá assessoria técnica?

c) *Ação*: Quais são as necessidades mais urgentes? Que propostas surgem delas?

d) *Celebração*: Marcar as datas significativas para o grupo: aniversários, confraternizações, festas litúrgicas, campanhas da Igreja e da sociedade. Pensar também como será a participação do grupo nesses momentos.

e) *Integração*: A realidade do grupo está dentro do contexto da comunidade e da sociedade. Ver em que eventos pode haver uma participação conjunta. Estar ligado à caminhada da PJB.

f) *Definir cada atividade* levando em conta o que será feito, quem será o responsável, onde, quando e de que forma acontecerá, quem serão os envolvidos e os destinatários e quanto se pode gastar para a realização da atividade.

A falta de um bom planejamento faz com que os grupos comecem a agir por puro impulso e com improvisação, já que querem ver logo os resultados. Dessa forma, sem a visão de todo o processo, pode-se, inclusive, gerar uma competição entre os participantes.

É muito positivo considerar as experiências anteriores, os erros e acertos que já se verificaram ao longo da história. Nada mais precioso para o êxito de uma ação do que a experiência anteriormente refletida, com as devidas avaliações.

Além disso, convém prestar atenção aos fatores externos que podem interferir na ação e que independem de nossa vontade, como a aceitação dos outros, o tempo, a distância, a conjuntura eclesial e social, os passos dados antes por este ou outros grupos. Muitos fatores estão envolvidos em nossa ação e merecem cuidado no planejamento. Convém refletir antes de agir.

Isso inclui considerar as experiências anteriores, prever as interferências dos fatores externos e contar com alguma forma de liderança que ajude a coordenar a ação. Além disso, é essencial dividir entre as pessoas do grupo as tarefas e calcular as etapas da ação até o objetivo ser atingido.

C – Assessoria

Além dos níveis de organização, existe o elemento que ajuda a clarear os caminhos para que o trabalho seja facilitado: a assessoria.

Assessor vem de *sedere ad*, que significa "sentar-se junto a alguém". É uma atitude de "estar perto". É um serviço que teve um crescimento dentro da Igreja desde o Concílio Vaticano II. Quando o modelo da Igreja é mais voltado sobre si mesmo, a figura que existe é a do *diretor*, uma presença forte e diretiva. O outro modelo, inspirado na AC, é o do *assistente*. Este é um modelo mais aberto ao mundo e com outra visão de pastoral. A figura do assessor é um resgate do papel do leigo num contexto de Igreja mais servidora, e um avanço quanto ao assistente.

O(a) assessor(a) é aquele(a) que auxilia, ajuda, assiste, acompanha, tem mais experiência que o coordenador, não possui poder de decisão, mas exerce influência. Sua missão é incentivar os novos líderes jovens a assumirem as responsabilidades que lhes são próprias. E os jovens aprendem sobre responsabilidade na prática, não escutando palestras sobre como ser responsáveis.

O(a) assessor(a) não deve tomar o lugar do coordenador. Por ser uma pessoa mais experiente que este, deve inclusive deixar que o(a) coordenador(a) cometa alguns erros. Assim poderá questioná-lo e ajudá-lo a aprender com eles.

Os(as) jovens não sentem necessidade de mestres que sejam seus guias ou seus guarda-costas. Eles querem pessoas que dêem bom testemunho de vida, que saibam contagiar com a credibilidade de suas vidas, com a força da verdade – alguém que vive a verdade de Jesus Cristo. Pessoas que fazem brotar no coração da juventude as interrogações e dúvidas positivas, que indicam os horizontes e a essência das respostas e ajudam a caminhar com as próprias pernas.

Algumas atitudes tomadas pelo assessor(a) ajudam o coordenador a amadurecer nesse serviço: tem de estar próximo, amparando o coordenador nos momentos de crise, dúvida e euforia, indicar leituras que o auxiliem no processo de formação, fazer a checagem para ver se ele compreendeu tudo ou se tem dúvidas sobre o assunto, conhecer a família do coordenador(a), estar disposto a ouvir, apresentá-lo a outras lideranças e assessores para que ele se sinta valorizado e amplie seu círculo de contatos.

O serviço da assessoria é um acompanhamento contínuo e perseverante. Deve ser um testemunho militante sabendo situar-se na realidade do(a) jovem. É uma atividade que passa pelo nível pessoal, do grupo e das coordenações, e que abarca todas as dimensões da vida do jovem.

O(a) assessor(a) deverá ter as seguintes características: ser pessoa de bom humor, otimista, autêntica, estar disposta a doar-se por completo, saber trabalhar em equipe; ficar serena nas crises, ter fé madura e procurar vivê-la; ser batalhadora, apoiando e assumindo as lutas do grupo; e ainda: respeita e busca respeito no grupo.

É importante para o assessor(a): estar a par da linguagem da juventude, dos modismos culturais e do consumo (podendo apresentar alternativas a eles); saber esperar, possuir a chamada "paciência histórica"; não se preocupar em "fazer coisas", mas em ser irmão e amigo dos jovens; ter equilíbrio emocional; aceitar as pessoas como elas são; possuir experiência de vida em grupo; saber reconhecer quando está errado e ter autocrítica; ser capaz de administrar crises e incentivar o grupo; manter o grupo dentro de seus objetivos; ajudar na avaliação; aliviar o grupo nos momentos de maior tensão; promover a união; saber ler a Palavra de Deus na vida cotidiana; manter a memória histórica sempre acesa, ser referencial dela; ter um conceito mais amplo da realidade para poder ajudar o grupo. O assessor auxilia o jovem a conhecer a pessoa de Jesus Cristo, sua proposta de vida e seus valores e a optar por este caminho.

Nos lugares onde há bons assessores, existe um bom trabalho da PJ. Das 255 dioceses brasileiras[31], só 70 delas (cerca de 27%) têm equipes de assessores, em especial em São Paulo, Acre e Rondônia. A maior reclamação das equipes de PJ é que falta um assessor mais próximo aos grupos, que acompanhe o cotidiano dos jovens.

---

[31]Dados de abril de 2000. Pesquisa realizada pelo Setor Juventude da CNBB.

1. Tipos de assessoria

Existem dois tipos básicos de assessor: o direto (ou pedagógico) e o perito (ou técnico). Enquanto o primeiro é aquele que acompanha o dia-a-dia do grupo e de seus integrantes, o segundo é chamado para aprofundar determinado tema. Sua presença é mais rara.

O perito é o especialista em determinado assunto e é convidado pelo grupo ou organização para dar assessoria sobre um ponto específico. Há algumas vantagens e desvantagens do assessor perito:

- *Vantagens* – por ser de fora, vislumbra melhor certos aspectos que o grupo não está enxergando; por ser um especialista, tem mais estudo acumulado sobre o tema.

- *Desvantagens* – não conhece a realidade local e pode dar uma contribuição deslocada; como só entende de determinado assunto, há o perigo de não considerar aspectos relevantes para o grupo (por exemplo, se ele vai fazer uma análise de realidade, pode prender-se mais ao aspecto econômico e deixar os âmbitos culturais e da juventude de fora). Por ser especializado em determinado assunto, tem a chance de ganhar grande ascensão sobre o grupo e desbancar as lideranças locais.

A forma de minimizar essas desvantagens é conversar antes com o(a) assessor(a) competente. Apresentar-lhe a realidade do grupo, que ponto específico estão tentando atingir são informações básicas para que a contribuição a ser dada seja eficaz. O perito não deve tomar conta do processo em sua totalidade, e sim, enriquecê-lo.

O(a) assessor(a) direto pode ter uma atividade na qual é perito (médico, advogado, engenheiro, professor, programador), mas atua procurando adaptar sua especialidade às necessidades do grupo local. Esse é o caso da maioria dos assessores da PJ.

D – As responsabilidades

Cada coordenação (grupo, paróquia, setor, diocese, nacional) tem uma função a exercer. Não são cargos ou estruturas de poder, mas organismos de serviço aos grupos de base.

1. A coordenação do grupo

Aqueles que assumiram o trabalho de coordenar um grupo de jovens têm diante de si um modelo desafiador: ser pedagógico como Jesus foi. Sua missão não é perseguir a idéia de "tarefa cumprida". É necessário um processo de formação contínua.

Da mesma forma que Jesus, o(a) coordenador(a) deve acompanhar os membros do grupo e ajudá-los a crescer. Conviver com eles, comer, andar, alegrar-se e sofrer com eles. Isso quer dizer: envolvê-los na missão (cf. Mc 6,7; Lc 9,1-2); fazer revisão de vida com eles (cf. Lc 10,17-20); corrigi-los quando errarem (cf. Lc 9,46-48); ajudá-los a entender (cf. Mc 9,28-29); prepará-los para o conflito (cf. Jo 16,33); mandá-los observar a realidade (cf. Mc 8,27-29); refletir sobre as questões do momento (cf. Lc 13,1-5); confrontá-los com as necessidades do povo (cf. Jo 6,5); ensinar que as necessidades do povo estão acima das leis e dos ritos (cf. Mt 12,7.12); ter momentos a sós para instruí-los (cf. Mc 9,30-31); cuidar do descanso deles (cf. Mc 6,31); defendê-los quando criticados pelos adversários (cf. Mc 7,5-13); insistir na vigilância e ensiná-los a rezar (cf. Lc 11,1-13).

Percebe-se, hoje em dia, mais que em anos anteriores, que nas coordenações dos grupos de base está havendo mais moças que rapazes[32]. Isso é salutar, pois a mulher ensina ao homem características que ela desenvolve com maior facilidade. E, de fato, há uma absorção,

---

[32] Muito embora esta realidade não esteja tão presente nos outros níveis da organização, como na diocese, no regional e no nível nacional. Normalmente, os grupos de jovens têm mais moças que rapazes.

por parte dos rapazes, de características tidas como femininas. Um misto dessas características só fará bem aos grupos.

2. A coordenação paroquial

É dever da coordenação paroquial de PJ planejar, assessorar e animar os esforços dos jovens. Além disso, é importante animar a comunidade paroquial para que ela assuma sua responsabilidade na PJ. Precisa canalizar e motivar os esforços dos adultos interessados na PJ, além de sensibilizar todos os jovens para os serviços em benefício da comunidade.

Precisa também buscar, propiciar e utilizar todos os meios de formação e serviço para os jovens e motivá-los continuamente para que assumam seu compromisso transformador da realidade.

3. A coordenação diocesana

É responsabilidade da coordenação diocesana oferecer apoio, orientação, acompanhamento às equipes paroquiais e setoriais existentes e promover a criação e fortalecimento de outras novas, além de manter a comunicação, o diálogo e a ligação direta com a pastoral de conjunto e estar em sintonia com a caminhada da PJB, levando a ela a voz da diocese.

4. A comissão regional e nacional

As comissões regionais e nacional têm como missão manter contato contínuo com os bispos, assessores e organismos diocesanos da PJ. Além disso, devem suscitar a criação de organismos diocesanos onde eles não existam, assessorar e servir as dioceses na elaboração dos respectivos planos de PJ, promover encontros interdiocesanos, para favorecer a ajuda mútua e a unificação de objetivos e critérios.

O aspecto formativo é alvo preferencial dos organismos da PJ. Para favorecer esse aspecto, outra preocupação é a criação de centros de investigação e documentação sobre a problemática e as tendências do mundo juvenil de cada país.

A comunicação e o aspecto financeiro são outros aspectos também importantes. Essas equipes devem oferecer publicações e ajudas pedagógicas para assessores(as) e animadores(as) de grupos, além de buscar recursos econômicos para a ação pastoral. Devem também avaliar, aprofundar e sistematizar a caminhada e as experiências realizadas e estabelecer diálogo com os movimentos eclesiais juvenis organizados nos âmbitos regional e nacional.

Há ainda uma comissão latino-americana ligada à Seção Juventude do CELAM (Conselho Episcopal Latino-americano), que procura apresentar e unir linhas de trabalho para a PJ do nosso continente.

☑ Para questionar

1. Seu grupo pode ser chamado de grupo de base? Por quê?
2. Em que fase o seu grupo está?
3. Seu grupo participa da estrutura da PJ? Em nível de paróquia? No setor? Na diocese?

Capítulo VI

Qual a formação e a metodologia?

Mas renova-se a esperança, nova aurora a cada dia.
E há que se cuidar do broto, pra que a vida nos dê flor e fruto.

Milton Nascimento

Quando dizemos que o jovem deve crescer na fé e no seu compromisso, pensamos em como devemos fazer isso. A PJ tem como princípio a formação integral e o uso do método Ver, Julgar, Agir, Rever, Celebrar. Estas são bandeiras levantadas durante o período mais forte da Ação Católica e que foram adaptadas aos dias de hoje pelos cristãos engajados. O método é utilizado dentro do processo de formação integral e visa a atingir os objetivos que a PJ busca.

A – A formação integral

Os espaços formativos da PJ têm dado bons resultados. Eles trazem mais ânimo para o trabalho e aumentam o número de multiplicadores. É importante saber que fazemos parte de uma pastoral organizada e que trabalha com uma concepção que proporciona a continuidade e a conscientização da caminhada: a formação integral. Ela procura entender o ser humano em sua totalidade. A nova mentalidade constrói uma Igreja Renovada e a Civilização do Amor.

Ela abrange cinco dimensões do ser humano. Um grupo, para dar certo, conhece e aplica essas cinco dimensões nos três períodos de sua existência: nucleação, iniciação e militância. É fato que, para chegarmos a isso, devemos nos aprofundar mais nesses temas. Eles são analisados separadamente, mas se interlaçam na vida. Deus nos quer plenos, maduros, apaixonados, amantes da vida. Essas dimensões podem ser vistas como diferentes relações que o(a) jovem tem:

a) consigo mesmo;

b) com os outros;

c) com a sociedade;

d) com Deus;

e) com a ação (capacitação técnica).

1. Relação consigo mesmo

Trata-se do conhecer a si mesmo. Assim como a personalidade, não é algo estático, depende de fatores biológicos, temperamentais, de caráter e do próprio ambiente em que a pessoa vive.

Nessa dimensão, o(a) jovem precisa acolher a própria vida. Procura conhecer-se, aceitar-se, assumir a si próprio, como também tentar desenvolver suas aptidões e qualidades, seus sentimentos e interesses em relação aos outros. É a busca de uma constante resposta existencial: "Quem sou eu?"

Conhecer-se não é tarefa fácil. Normalmente, precisamos da ajuda de alguém para tal tarefa. É um processo lento. Olhando para dentro de si, a pessoa encontra muitas riquezas e algumas limitações. Valorizar demais esses limites pode atrapalhar na busca da realização e da felicidade. As dificuldades que o indivíduo tem devem tornar-se trampolins para saltos maiores.

A vida em comunidade ajuda a pessoa a descobrir-se. Para tanto, ela deve valorizar os ritos. Eles servem para dar sentido a nossa vida. O(a) jovem aprende a se conhecer quando compreende a necessidade do rito. Para que a vida tenha um sentido, as pessoas tocam instrumentos, celebram aniversários, casamentos, choram seus mortos, erguem altares. Não temos somente necessidades biológicas, mas é bom que sintonizemos também com a beleza da criação, com a harmonia e a ordem do universo.

Outro fator importante na vida é a partilha. Desta forma nos deixaremos conhecer pelos outros e estes, por sua vez também serão enriquecidos.

Conhecer-se é ir além da imagem que apresentamos diante do espelho. Deve-se cultivar o olhar interno, ver o que se esconde atrás do que se mostra. Esse exercício é muito bom para ajudar a descobrir o outro também. Aprendemos a conhecer-nos quando conseguimos nos olhar nos olhos, entender os gestos, perceber os sentimentos, as posturas dos demais. O próximo nos ensina muito.

É bom que as pessoas sejam valorizadas e aprendam a valorizar-se por aquilo que são, resgatando o sentido da dignidade humana. Nós damos pouca importância aos outros. Nas festas e campanhas, seria bom enaltecer a quantidade de participantes para conhecer melhor suas identidades.

2. Relação com os outros

É outro passo importante no processo de formação do indivíduo integral. O relacionamento é algo fundamental para o ser humano, em especial para o(a) jovem. Ele(a) sempre entra em grupos, precisa deles para sentir-se gente, importante, útil. Quando trabalhamos com pessoas é sempre bom lembrar que elas são mais importantes que as normas, objetos e coisas.

No grupo é oferecido um espaço para se ir descobrindo, de modo concreto e vivencial, a necessidade de realizar-se como pessoa na relação com o outro. Essa relação gera crescimento, exercita a crítica e a autocrítica como meio de superar-se pessoalmente e colaborar no crescimento dos demais.

Para o crescimento na dimensão de integração, o(a) jovem tem oportunidade de aprender a lidar com o conflito. Normalmente, temos a tendência de relacionar-nos com quem pensa da mesma maneira.

A vida, porém, não é feita só de elogios e de aplausos. Numa situação de dificuldades e contradições, o equilíbrio e a maturidade da pessoa são essenciais para a convivência e a capacidade de integração. Aquele que critica pensa diferente, ajuda-nos a crescer, acrescenta algo novo. A maturidade da pessoa aumenta à medida que ela consegue suportar as pressões. E maturidade não está relacionada somente ao sentido cronológico, mas psíquico e social.

Esse processo de amadurecimento leva o(a) jovem a uma progressiva abertura para as relações interpessoais, reconhecendo nos outros valores, diversidades e limites. Começa a fazer a experiência de um relacionamento mais consciente com a família, com o grupo e com a sociedade, até chegar à experiência comunitária como referência permanente para sua vida. Na comunidade, o(a) jovem torna-se participante ativo(a) e criativo(a) de sua própria história. A educação na fé é concebida, aqui, como caminho a ser percorrido em conjunto.

No grupo, é muito importante criar um clima de companheirismo, lealdade, sendo vital que todos os jovens tenham contato entre si para se conhecerem melhor. Para isso, confira alguns preceitos básicos:

a) Reconhecer qual é o tipo de autoridade que se exerce dentro do grupo e qual a orientação que está sendo passada. Por exemplo, perceber se o jovem é realmente protagonista ou um simples tarefeiro, cumprindo as determinações do coordenador, ou se no grupo ninguém segue orientação nenhuma. Esses são casos de uma coordenação centralizadora e liberal, respectivamente.

b) Melhorar as relações interpessoais, criando um clima de solidariedade não apenas durante as reuniões. Isso significa que o grupo deve sentir-se tal também fora do encontro. Passeios, almoços, assistir a um filme são atividades que precisam ser valorizadas. Quando um membro estiver com problemas (sejam eles familiares, financeiros, estudantis ou outros), o grupo deve-se fazer presente.

c) Ter satisfeitas as principais necessidades pessoais: sentir-se aceito(a), valorizado(a) e integrado(a) no grupo, assumindo assim algum tipo de responsabilidade. Para isso, cabe à coordenação dividir bem as tarefas, deixando o(a) jovem assumir papéis dentro e fora da reunião.

d) Possuir um relacionamento de autenticidade e confiança.

3. Relação com a sociedade

A terceira dimensão da formação integral é a dimensão política. Ela permeia todos os nossos relacionamentos e ajuda a nos organizarmos como grupo. Muito pouco se consegue agindo sozinho. Precisamos do grupo para atingir nossos objetivos e muitas vezes as opiniões não batem. Por isso, tomamos partido daquelas que consideramos melhores.

No campo social, a atuação dos jovens não é pequena: ONG's, sindicatos, associações de bairro, partidos políticos, lideranças nas comunidades, grêmios estudantis, União dos Estudantes.

Existem muitos jovens nesses organismos, porém a maioria dos que não estão não quer se envolver: "O que é que tenho com isso? O que eu entendo disso? Eles sabem, eles resolvem. Deixa que Deus resolve isso pra gente. O que eu posso fazer? Eu não sei de nada." Essas opiniões são ótimas para quem manda. Quanto menos entendermos, quanto menos informações tivermos, quanto menos envolvidos estivermos, melhor. E sem essa visão crítica, o Reino de Deus não acontece.

Na própria comunidade e Igreja, as atitudes devem mostrar como tem de ser a vida política. Quem decide as coisas? O padre, a religiosa, o presidente do conselho, as senhoras da comunidade? O que se espera do(a) jovem? Que ele só reze e cante? Que anime uma liturgia, uma festa de padroeiro, que brinque e se divirta dentro das quatro paredes da Igreja? Qual é a posição do grupo perante esta realidade? A dimensão política, ou seja, das relações, interesses e metas entre organizações e pessoas, está presente constantemente na vida do grupo. Fazer política é um dever humano. Negar esta prática é negar-se a ser gente, a fazer história. A política é a administração da sociedade humana. Dom Pedro Casaldáliga, bispo de São Félix do Araguaia, diz que "tudo é política, mesmo que a política não seja tudo".[33]

Num nível mais amplo da PJ, percebe-se uma dedicação no relacionamento Fé e Vida. Muitos militantes da pastoral atuam na política partidária como vereadores e até prefeitos. Com a Campanha da Fraternidade de 1996, "Fraternidade e Política", vários abraçaram a causa, defendendo temas como a cidadania e justiça, espelhados no modelo dos Evangelhos. Nas campanhas de 1998 e 2000, a quantidade de candidatos vindos da PJ aumentou consideravelmente.

Hoje, os caminhos não são tantos assim, mas todos eles passam pela participação. Não há como encarar os problemas das políticas públicas relativas ao emprego, ao acesso à escola, à cultura, ao esporte, ao lazer, ao combate à violência, às drogas, sem encontrar o espaço adequado para a participação política. Vale lembrar aqui a frase que o pastor batista Martin Luther King dizia nos anos 50: "Quem aceita passivamente o mal, no fundo, está misturado com ele. Quem convive com a injustiça, sem nada fazer para detê-la, está cooperando com ela. Quando o oprimido aceita a opressão, contribui para que ela se prolongue."

Deve-se buscar os mecanismos de ação concreta no local de moradia, de trabalho ou de estudo, ou seja, devemos participar dos grupos de jovens, dos clubes, dos centros acadêmicos, dos sindicatos, dos

---

[33] No filme *O Anel de Tucum*, Verbo Filmes.

movimentos sociais, envolver-nos com eles e fazer com que eles se envolvam na busca do bem comum para a juventude e para a sociedade.

Este é o desafio das novas gerações: encontrar meios de participar e dialogar com todos os organismos sociais e regenerar os laços de solidariedade. Foi sem dúvida nessa perspectiva que o Concílio Vaticano II se pronunciou:

"Além disso, com empenho se deve cuidar da educação civil e política, hoje muito necessária tanto para o povo como, sobretudo, para a juventude, a fim de que todos os cidadãos possam desempenhar o seu papel na vida de comunidade política."[34]

4. Relação com Deus

Que conteúdo passamos? Em que Deus acreditamos? Qual nosso relacionamento com ele? Qual a nossa espiritualidade? Essas são questões contempladas em nossa relação com Deus. Já foi apresentado algo dentro das motivações da PJ: qual é a proposta de Jesus, qual é a Igreja que queremos, quem é o Espírito Santo que nos anima, o novo homem e a nova mulher com os quais sonhamos e qual é a PJ que desejamos construir.

Essa dimensão mística deve colaborar para que o jovem cresça em sua fé. Ajudá-lo a ter presente consigo o agir de Deus em sua história, em sua vocação mais profunda de ser filho(a) e irmão(ã), da descoberta de Jesus e da opção em segui-lo; a possuir o discernimento da ação do Espírito nos sinais dos tempos de sua história pessoal, grupal, eclesial e social e do compromisso radical[35] de viver os valores do

---

[34]Cf. Constituição pastoral *Gaudium et Spes* nº 75.

[35]Radical, nesse caso, quer dizer ir às raízes, o que significa que é um compromisso do qual não se pode abrir mão, pois está em nossas origens, em nossa identidade.

Evangelho. Aí o(a) jovem descobre a comunidade como lugar para alimentar e celebrar a vida na fé.

A espiritualidade da PJ é centrada no seguimento de Jesus, amigo e companheiro de caminho; é trinitária e mariana, guiada e inspirada pelo Espírito Santo; é comunitária e eclesial; é leiga e missionária; é libertadora, orante e celebrativa.

Como é bom poder ajudar os(as) jovens a rezar. Isso significa ensiná-los a sentar-se com Deus, como quem se senta com um amigo, e falar de sentimentos, abrir o coração. A oração nada mais é do que uma conversa íntima que nos leva ao encontro com o Outro. Fazer de toda a vida um encontro permanente com Deus é o desafio para quem deseja viver seriamente a espiritualidade cristã.

Esse encontro se dá pelo contato com a Palavra de Deus (fazendo uso da Leitura Orante), na vivência dentro da comunidade cristã, na celebração da fé, nos momentos de oração (auxiliado pelo Ofício Divino das Comunidades), nos testemunhos de santidade, na opção pelos pobres, na religiosidade popular, no acompanhamento pessoal ao jovem, em sua própria vida e na realidade social.

Espiritualidade tem a ver com "andar nos caminhos do Senhor". Entretanto, algumas vezes, somos cegos para vermos quais são as pegadas de Deus. Fomos acostumados a buscar Deus de modo distante, abstrato, e esquecemos que Jesus andou concretamente entre as pessoas e nos deixou o Espírito Santo, do qual somos casa viva. É espiritualidade o contato consigo mesmo, com o outro e com o transcendente. Era assim que Jesus vivia sua espiritualidade também. Seguir seu exemplo nos ajuda a ver o mundo com os seus critérios, sua compaixão, sua ternura, sua solidariedade acompanhada também da indignação.

Torna-se fundamental, nesta dimensão, a transformação da experiência de vida, pela força da fé, em experiência evangélica. Integramos, então, a fé na vida. É bom ajudar o(a) jovem a ter uma experiência de Deus (espiritualidade ou mística) e, ao mesmo tempo, levá-lo(a) a adquirir uma compreensão teórica de sua fé (teologia). E, principalmente, por meio do testemunho pessoal e pastoral, vivenciar os princípios da Civilização do Amor.

Dentro do aspecto da espiritualidade da PJ, vale a pena destacar a Leitura Orante. Foi adotada pela PJB a partir de sua 11ª Assembléia Nacional, em 1995, como uma das formas de vivenciar nossa espiritualidade. É um método de Leitura da Bíblia tão antigo quanto a própria Igreja. Foi usado pelos primeiros cristãos para alimentar a fé, a esperança, o amor e animar a caminhada da comunidade.

Outro método de oração bastante antigo na Igreja, e que vem de nossos pais e mães de fé, é o *Ofício Divino das Comunidades*. É um método jovem, bem parecido conosco, porque está aberto ao jeito de cada um viver a fé em nosso tempo. Também passou a ser bastante valorizado após a 11ª Assembléia Nacional da PJB. Desde então, tanto o Ofício Divino como a Leitura Orante tornaram-se uma referência importante, ajudando muitos grupos de jovens a organizarem melhor a vida de oração em seus encontros, assembléias e reuniões. Juntando o Ofício com a Leitura Orante, teremos mais uma opção agradável e gostosa de rezar.

5. Relação com a ação

Existe ainda a relação com a ação que chamamos de capacitação técnica. A ela cabe a preparação metodológica para o planejamento, o desenvolvimento e a avaliação da ação transformadora, para o exercício da liderança e coordenação democrática nos grupos, organizações e também junto às massas. Trata-se de ser profissional, realizando a missão com eficácia.

Perdemos muitos(as) jovens no início do processo grupal, por falta de uma pedagogia adequada que respondesse aos seus anseios e expectativas e que respeitasse seus passos. Queremos ser melhores, aperfeiçoar nosso trabalho na comunidade e na sociedade. Não podemos sair por aí somente com a cara e a coragem. Deve existir toda uma preparação anterior. Se nos capacitarmos bem, podemos avançar cada vez mais.

No processo de amadurecimento da fé, o jovem sente necessidade de testemunhar a própria fé, empenhando sua vida no serviço aos outros. Para que sua ação dê bons frutos, ele precisa entrar num processo de formação permanente. Esse processo irá garantir a aprendizagem de novas técnicas e a possibilidade de assumir tarefas de coordenador de grupos jovens, de comunicador da mensagem de Jesus Cristo e de formador de lideranças.

A ação é inerente aos jovens e é um instrumento pedagógico privilegiado. Com base em pequenas ações refletidas e avaliadas, eles vão crescendo em sua inserção eclesial e social para serem uma presença transformadora.

Os cursos são fundamentais para capacitar os(as) coordenadores(as) jovens, porém não bastam. Ele(a) é o primeiro responsável por sua formação. As indicações de leitura são obrigatórias para rever a prática e aprofundar a teoria. O(a) coordenador(a) do grupo precisa aplicar na prática aquilo que aprendeu.

As lideranças devem brotar dos grupos. Um grupo sem lideranças é, normalmente, coordenado por alguém que desconhece seu verdadeiro papel. Um bom coordenador é aquele que prepara um(a) substituto(a).

Estão aparecendo por aí, graças a Deus, diversos cursos e iniciativas de formação e capacitação de lideranças. Várias dioceses e institutos de PJ pelo Brasil têm dado atenção especial a esse aspecto da formação integral[36]. Um detalhe, porém, é fundamental: nenhuma

---

[36]Gostaria de ressaltar aqui a experiência do curso de pós-graduação de especialização em juventude, realizado pelo IPJ de Porto Alegre em parceria com a Universidade do Vale do Rio dos Sinos (São Leopoldo), creio que seja a primeira iniciativa no gênero no país.

formação ou curso tem valor se a PJ esquecer o passo pedagógico do acompanhamento. Se deixar só pelos conteúdos teóricos, tudo se perdeu. O acompanhamento de um(a) assessor(a) é de extrema valia para o grupo. É parte integrante do processo.

B – O método Ver, Julgar, Agir, Rever, Celebrar

Para bom uso das dimensões acima apresentadas, existe o método implantado pela Ação Católica para suas atividades: o método *Ver, Julgar, Agir*. A PJ o adotou, porém percebeu que ele já não atendia mais às necessidades quando parava no *Agir*. Era necessária uma continuidade. Foi complementado então como método *Ver, Julgar, Agir, Rever, Celebrar*.

Ver é analisar os problemas e avanços com base na realidade concreta em que se vive. Ajuda se respondermos a algumas perguntas: Qual é a raiz do problema? Como começou a história? Que fatores a tornaram com o aspecto que tem agora? É possível apontar as conseqüências que este fato acarretará? Quais seriam? Quem está envolvido direta ou indiretamente com este problema? É importante indicar as causas dos problemas que se discutem, distinguindo as causas aparentes, as imediatas, as secundárias e a causa principal. As ciências sociais têm boas contribuições para podermos entender melhor as causas e conseqüências dos problemas analisados.

Julgar já vem emaranhado nisso tudo. Qual nosso parâmetro diante de uma realidade com tantas portas? Que caminho escolher? Diante da realidade vista e analisada, você se sente incomodado como cristão? Ver o que a Palavra de Deus e os Documentos da Igreja têm a nos dizer sobre esse acontecimento é nosso parâmetro como cristãos católicos. Deus não está acima e distante dos nossos problemas. A encarnação aponta para um Deus que se encontra na vida cotidiana.

■ 116

Tendo essa perspectiva de que Jesus passou as mesmas dificuldades que vivemos, o Julgar é perceber qual seria sua visão diante desta realidade. É antes de tudo não se deixar corromper pelo *sistema vigente* e tentar ver o problema pelos *olhos de Deus*, para tentar achar a solução mais adequada. O Julgar ajuda a perceber o pecado que está aberto dentro de cada um de nós, a tendência de dominar, explorar e usar os outros, e também o pecado social presente nas estruturas injustas da sociedade. A pessoa de Jesus, sua mensagem e estilo pedagógico são os critérios centrais na formação dos(as) jovens para um projeto pessoal e social.

O **Agir** acontece depois de analisarmos os fatos concretamente e os julgarmos a partir da Palavra de Deus. É hora de vermos o que pode ser feito de concreto para solucionar o problema, ou para caminhar melhor em nossa estrada. Dependendo da análise no Ver e Julgar, nossa ação pode ser assistencialista (só desperta a pessoa para o problema), de solidariedade (atua nas conseqüências do problema) ou transformadora da realidade (ataca as causas). Não é proveitoso atingir este ponto logo de início, sem antes passar pelos outros dois, pois não se teria feito uma análise correta dos fatos para uma resolução coerente. Quanto ao Agir, vale lembrar que não se educa ninguém para a liberdade, para o amor e para a responsabilidade, se não acontecer a prática desses três itens. A teoria e a ação têm de caminhar juntas.

O **Rever** é a avaliação da atividade desenvolvida, é poder ver a realidade de outro ângulo, com o parâmetro de alguém que já vivenciou, que tem experiência. Ele abre novamente o círculo, pois à medida que chegamos no **Agir**, precisamos **Rever** as atitudes, **Julgar** novamente os procedimentos e voltar a **Agir**. Cada erro corrigido significa um futuro acerto. Nesse momento de avaliação, é importante valorizar as conquistas, mesmo que pequenas. A cada ação nossa realizada devemos **celebrar**, a fim de agradecer a Deus sua presença animadora em nossa caminhada. E celebramos não só os momentos de alegria, mas também os de tristeza.

A celebração litúrgica é um elemento catequético significativo enquanto anuncia e alimenta a utopia cristã, fortalece a fé e coloca o grupo e seus membros em contato com o mistério central do cristianismo: a Paixão, Morte e Ressurreição de Jesus Cristo.

Com o método, nós queremos: formar líderes que se engajem na transformação de seus meios (escola, trabalho, bairro, família), educar para a liberdade, formar para o senso crítico, desenvolver a pedagogia da formação na ação, ligar fé e vida e poder avaliar a caminhada dos grupos.

O método ajuda a superar a passividade, a formar lideranças que pensam por si mesmas e que superam o comodismo e a falsa sensação de estar bem consigo mesmas e com Deus. Há um ganho na atividade pastoral, pois não se separa a fé da vida e evita-se uma pastoral de ativismo, na qual não se reflete sobre o que se faz. É muito utilizado na Igreja da América Latina como método de elaboração de documentos. É muito útil para os grupos de militantes que já alcançaram um processo de amadurecimento, entretanto, tem de se saber utilizá-lo de forma criativa, principalmente com iniciantes.

C – A Revisão de Vida (RdV) e Revisão de Prática (RdP)

Um método prático do Ver, Julgar, Agir é a aplicação do mesmo em dois momentos pedagógicos e evangelizadores: a Revisão de Vida (RdV) e a Revisão de Prática (RdP). Toma-se em conta a realidade na qual se vive e age. Partindo da Palavra de Deus, questiona-se esta realidade para dar a ela novos horizontes. Pretende-se, com a RdV e a

RdP, agir mais lucidamente e realizar melhor alguns objetivos estabelecidos. É necessário, principalmente, estar disposto a mudar de vida.

A RdV e a RdP levam a um novo jeito de ser e conduzem os grupos à ajuda comum e à conversão. É a vivência do método, tanto na vida pessoal como na grupal. O método passa a fazer parte do dia-a-dia dos(as) jovens e dos grupos que o praticam, quando relacionam reflexão e ação.

É fundamental considerar a dimensão pessoal da própria vida (afetividade, sexualidade, relação com a família, vida profissional, vida de fé), para atingir os(as) jovens em todas as dimensões do crescimento humano. A avaliação dessa dimensão pessoal é assegurada quando o grupo garante a RdV, não privilegiando apenas a RdP. Muitas vezes, a RdP é entendida como avaliação da caminhada do grupo. No entanto, é muito mais do que isso: é revisão da prática de cada integrante e do grupo em si.

A RdP pode ser entendida como integrante da RdV. Esta revisão é de toda existência, não apenas externa ao ambiente do grupo, como não apenas interna a ele. É o instrumento de melhor eficácia no sentido da "formação na ação e pela ação", com as dinâmicas que são próprias das duas práticas. A RdV ajuda o jovem a agir social, política e religiosamente, procurando transformar o ambiente em que atua, julgando sua ação e corrigindo-a.

Dedicar-se à RdV é situar-se diante da vida e diante de Deus, o que torna a prática fundamental. Exige uma decisão. Faz-nos, aos poucos, mais sujeitos não só de nossa história pessoal, mas da história da sociedade. Por isso, convém cultivar uma espiritualidade encarnada, que assuma a revisão de vida e a centralidade da Palavra de Deus, amadurecendo o discipulado, estimulando a mística do serviço, redescobrindo a importância dos testemunhos da fé, celebrando a vida e motivando o jovem à oração diária.

O objetivo último da RdV é superar a consciência ingênua das coisas, a fim de se chegar a uma consciência crítica e objetiva da realidade, para, depois, tomar decisões adequadas, reconhecendo a realidade injusta na qual vivemos, e transformar a história. Costuma-se dizer que no uso destas técnicas a prática precede a teoria. No início se faz necessário o acompanhamento de alguém mais experiente, que ajude a ver a realidade e julgá-la com base nos critérios da Palavra de Deus, para que se tenha uma mudança de atitude. Essa técnica pode ser aplicada em reuniões, sem a necessidade de explicar em profundidade a sua metodologia.

☑ Para questionar

1. Existe a valorização da discussão política em seu grupo?

2. Qual a importância da espiritualidade na reunião do grupo?

3. Como é a preparação e formação que os(as) coordenadores(as) e as lideranças de seu grupo têm?

4. Seu grupo já conhecia o método Ver, Julgar, Agir, Rever, Celebrar?

5. Seu grupo realiza a Revisão de Vida e de Prática?

Capítulo VII

O que há de novidade na Pastoral da Juventude?

É esta a nossa hora e o tempo é pra nós. Que chegue em todo canto a nossa voz. Miremos bem no espelho da memória. Faremos jovem e linda a nossa história!

Zé Vicente

A Pastoral Juventude do Brasil iniciou uma nova fase em 1995. Isso em razão do novo plano decidido na 11ª Assembléia Nacional da Pastoral da Juventude (ANPJ), ou "Ônzima", como foi apelidada, que teve continuidade na 12ª ANPJB de 1998, e na 13ª ANPJB de 2001.

A 11ª ANPJ teve a presença de 120 jovens e assessores das várias regiões brasileiras. Foi realizada em Brasília, de 9 a 16 de julho de 1995, e teve como eixos centrais Missão e Organização. Seu lema foi: *Vá e produza frutos, é hora de avançar.* Definiu-se o novo projeto de missão para os anos de 1996 a 1998, considerando os campos de ação, formação e espiritualidade. Foi a primeira vez que um plano nacional das PJ's era elaborado. Tornou-se um marco histórico. A idéia seria retomada na 12ª e 13ª ANPJB's. A organização da PJB foi reavaliada e redefinida com o propósito de viabilizar o desempenho da missão junto aos jovens brasileiros.

Essa assembléia resultou de assembléias, discussões, seminários e das mudanças que aconteceram na PJ, no Brasil e no mundo, alicerçadas na realidade juvenil de 1989 para cá. Essas transformações não foram poucas e tiveram muita influência em nosso trabalho pastoral. Vimos que não estamos isolados dos outros, fazemos parte de um mundo em constante mutação. Entender essa mutação é uma questão de sobrevivência.

A - O que mudou na PJ

1. No Brasil e na Igreja

Vivemos, entre 1964 e 1985, vários governos militares. O presidente Tancredo Neves, primeiro civil após 21 anos de ditadura, não foi eleito diretamente pelo povo nem chegou a governar. Morreu antes. Seu vice, José Sarney, permaneceu no poder até o início de 1990. As eleições de 1989 representavam para muitos brasileiros e para a maioria dos(as) jovens da PJ a possibilidade de votar pela primeira vez para presidente da República. Vinha crescendo o empenho da militância da PJ com as eleições municipais de 1988 e com o acompanhamento da Assembléia Constituinte. A eleição de 1989 era a possibilidade de mudar os rumos da política nacional e obter maior participação popular nas decisões. O resultado da eleição jogou este sonho por terra.

Muitas lideranças deixaram a pastoral após este período. A desilusão não era somente quanto ao pleito de 1989, mas também com a queda de outros ícones que representavam um modelo político tido como ideal: o socialismo. Caiu o Muro de Berlim em 1989 e a União Soviética desintegrou-se em 1991. Esses fatos levaram muitos "pejoteiros" a reavaliar suas posições na militância e readequar o discurso e o compromisso.

A prática do neoliberalismo atingiu também a religião. A finalidade, que era ajudar as pessoas a vivenciarem a comunhão com Deus e entre si, vai perdendo sua dimensão profética de denúncia e anúncio. Passa a ocupar os holofotes da mídia, troca a meditação pela emoção, a liturgia pela dança aeróbica. Tornou o catolicismo mais fácil de ser consumido. Abandonou, com isso, a participação efetiva dos fiéis em comunidades, a reflexão bíblico-teológica e o compromisso pastoral no serviço à justiça. As homilias se reduzem a breves exortações que não incomodam as consciências.

Esse tipo de modelo de catolicismo começou a ganhar força a partir do final da década de 1980 (em especial após o Sínodo de 1985) e inícios da década de 1990. Juntamente com essa exposição, um centralismo nas decisões passou a tornar-se a tônica. Percebeu-se, assim, uma extrema valorização da Instituição Igreja e das relações hierárquicas. Em alguns lugares, fortaleceu-se o fechamento à participação dos leigos. A posição contestatória da juventude (principalmente a da PJ) a esse modelo de Igreja era malvista. Nesse período, muitas equipes da PJ foram "desarticuladas", destituídas e numerosos trabalhos desmontados. Nessas dioceses, o trabalho só pôde começar a rearticular-se na segunda metade da década de 1990.

2. A reflexão nacional da PJ

A juventude desse novo período já era outra. As mudanças ocorriam muito rápido. Muitos encontros, seminários e formações, realizados no início da década de 1990, procuravam entender a juventude e as transformações que estavam ligadas a ela, seja no campo político – discutindo as influências do neoliberalismo como sistema hegemônico –, seja no campo pastoral – debatendo sobre os efeitos da sociedade pós-moderna.

Internamente, a discussão também era acalorada. Questionava-se muito qual seria a melhor maneira de se organizar o trabalho nacional da PJ com os meios específicos. As PJ's que sempre foram dos meios específicos passaram a adquirir uma organização própria, o que era bom, pois assim podiam enfocar sua própria realidade. Nacionalmente, a sigla PJ representava a união de todas as experiências pastorais que aconteciam com a juventude no país (PJ, PJE, PJR, PU e PJMP). Acontece que a PJ, originária dos grupos paroquiais[37], englobava a maioria dos grupos de jovens do país e em torno dela girava a estrutura

---

[37] Por isso que recebia em muitos lugares o nome de PJC – Pastoral da Juventude das Comunidades.

do Setor Juventude[38]. Ela era chamada de Pastoral da Juventude Geral (PJG), o que desagradava profundamente as demais PJ's, já que não era somente dela que saíam (ou melhor, eram "gerados") os militantes para as PJ's específicas[39]. Elas geravam seus militantes também. Havia todo um clima de tensão na organização nacional da PJ em relação à representatividade das específicas, já que a PJ era maioria.

A 9ª ANPJ (1991)

Foi nesse espírito que aconteceu a 9ª ANPJ, em 1991. As prioridades eram aprofundar a metodologia para atingir a juventude (Missão), repensar e desenvolver o processo de formação e a CF 92 sobre a juventude.

Fruto desta assembléia foi a realização de dois seminários nacionais que trabalharam especificamente sobre Metodologia (1992) e Processo de Formação Integral (1993). Percebeu-se a necessidade de uma nova metodologia, que, sem abrir mão do que já havia sido conquistado, respondesse às novas realidades. O mundo estava mudando muito rapidamente e a juventude estava nesse ritmo. A PJ, não.

Vários textos foram publicados e discutidos após a 9ª Assembléia Nacional. Tratavam sobre a organização e missão da PJ Nacional. Discutir a missão e a melhor maneira de concretizá-la, por meio da organização, é um debate que não deve se dar por concluído. Sabemos que a juventude muda e é preciso sempre estarmos nos avaliando.

Em 1992, teve lugar um Seminário Nacional da PJ sobre como trabalhar com a juventude. O que se percebeu foi que os trabalhos estavam sendo mais técnicos e deixavam esquecido o lado lúdico, como artes, pintura, música, brincadeiras, ou seja, uma metodologia que

---

[38] As demais PJ's (PJMP, PJE, PJR) faziam parte das assembléias da PJ Nacional, porém sempre em menor número. Isso além de desagradá-las em termos de representação, forçou que elas investissem em sua própria estrutura. Assim, na época, cada uma possuía organização própria e independente e a PJ não.

[39] PJ's nos meios específicos (PJMP, PJR, PJE).

125 ■

privilegiasse a pessoa do(a) jovem, ressaltando a formação humana (subjetividade). A evangelização que brota da arte estava perdendo espaço para a evangelização pelos meios escritos e orais. A grande descoberta metodológica foi a questão da corporeidade juvenil e a busca do equilíbrio entre a dimensão política e a espiritual.

A 10ª ANPJ (1993)

A 10ª ANPJ prometia ser o marco revolucionário da PJB. Celebrávamos dez anos de trabalho comum entre as quatro PJ's (iniciado no 4º ENPJ, em 1983). O lema era *Avaliar para avançar*. O que se percebeu, no entanto, foi uma disputa interna de representatividade na Coordenação Nacional da PJ entre as específicas e a então chamada Pastoral da Juventude das Comunidades (PJC). Durante a assembléia, os(as) jovens e assessores(as) que se identificavam com a PJ começaram a refletir a importância de ela voltar a ter sua organização própria. De 1983 a 1995, sua organização funcionou junto com as outras PJ's.

Foi pedida, então, uma trégua até a próxima assembléia para que se definisse o rosto da PJ. Entre 1994 e 1995 foram feitos um seminário e três encontros nacionais para se discutir essa questão. O quarto encontro nacional aconteceria um ano depois da 11ª Assembléia Nacional.

Além disso, a 10ª ANPJ, estabeleceu como prioridades: rever a estrutura, a organização e a especificidade; aprofundar a mística das diferentes experiências, levando em conta a afetividade, a expressão, o trabalho e as técnicas; trabalhar o processo de formação (assessoria e militância) com base nas diferentes realidades.

3. Definindo o rosto da PJ no contexto nacional

"Qual a nossa cara?" era a pergunta do primeiro encontro. "Não somos uma PJ específica. Somos jovens trabalhadores(as), estudantes, do meio urbano e rural, desempregados(as)" – foi a resposta dada. Mostrou-se um encontro tímido, nem todos os regionais mandaram representantes.

126

O segundo encontro tratou sobre a identidade e missão da PJ, quando foi concluído que sua identidade é resultado da articulação de diversas experiências de pastoral da juventude (PJC, PJ, PJU, etc.). No seminário sobre Especificidade, chegou-se à conclusão de que especificidade não é fragmentação, mas sim ecumenismo. Foi momento de reavaliação dos trabalhos realizados. A PJ não é específica como as demais PJ's. Não é o ambiente e o meio que caracterizam a missão da PJ, mas a juventude, independente da sua situação. Isso significa que a PJ pode estar em todos os lugares. Sua atuação pode acontecer na escola, nas lutas da periferia, na universidade, no trabalho ou no campo. O importante é a valorização da vida do(a) jovem.

O terceiro encontro trataria da Missão e Sigla. Era algo que para a história da pastoral soava como urgente. A sigla dá identidade à proposta. Havia duas sugestões que dividiam a discussão: PJ (Pastoral da Juventude) e PJC (Pastoral da Juventude das Comunidades). A conclusão:

> "PJ é o nome que melhor identifica esta articulação de experiências, respeitando a caminhada que se faz nas dioceses e regionais do Brasil. É ao lado das demais PJ's que se quer construir um novo tempo para a PJ do Brasil, onde a missão nos une como discípulos de Jesus Cristo no serviço aos jovens, sobretudo os jovens empobrecidos e excluídos".

B – A "Ônzima" ANPJ

Foi dentro desse clima que aconteceu a 11ª ANPJ (chamada "Ônzima"). E o que queria a "Ônzima"? Partilhar e repensar o projeto da PJB em vista da missão; celebrar um novo tempo; trabalhar a missão da PJB, elaborando linhas comuns e projetos concretos de ação, formação e espiritualidade; definir a organização e o organograma da PJB.

Estava claro para os participantes que o planejamento exige um tempo definido. E que é impossível, pelo tamanho do país, realizar um projeto em menos de três anos, já que as conclusões demorariam muito para chegar às bases. A proposta de linhas e projetos comuns para a PJB deixava espaço para a criatividade e autonomia das PJ's.

Para a elaboração dos projetos, foram considerados alguns aspectos: a realidade da Igreja no Brasil, no caso, a nova presidência da CNBB; a conjuntura sócio-político-econômica (Plano Real, novo governo); a situação dos grupos de base ("ouvir os gritos dos jovens e dos grupos – ser fiel") e os questionamentos dos participantes. Necessitava-se, portanto, de projetos possíveis e simples. Cinco foram montados. Cada um com seu objetivo, com a apresentação de uma realidade já existente e com as necessidades que ainda permanecem, citando as etapas a serem desenvolvidas nos três anos seguintes e a situação final esperada. Eis os cinco projetos:

- Missão Jovem (projeto de ação – dentro da Igreja)

- Cidadania (projeto de ação – fora da Igreja)

- Formação Humana (projeto de formação – dentro da Igreja)

- Cidadania (projeto de formação – fora da Igreja)

- Espiritualidade

É bom deixar claro que o projeto da PJ não foi um projeto paralelo dentro da Igreja. Quando ele foi desenvolvido, um dos documentos bases mais importantes foram as *Diretrizes gerais da ação evangelizadora da Igreja no Brasil* (1995–1998), que havia sido publicado meses antes. O projeto *Rumo ao Novo Milênio*, lançado no ano seguinte, tinha as mesmas raízes do projeto da PJ, fazendo referência a ele em alguns dos seus tópicos[40]. Portanto, não são propostas distintas. O projeto da PJ, porém, era direcionado a um público específico.

---

[40] Podemos citar o item 135, quando fala da Semana da Cidadania e do Dia Nacional da Juventude e o item 160 sobre as Missões Jovens.

Houve um crescimento da participação e da unidade nacional em torno das propostas da PJB. Um bom exemplo disso foi a Semana da Cidadania. Jovens e adolescentes passaram a mobilizar a comunidade para pensar sobre a cidadania da juventude e a desencadear ações nessa mesma área. Mostrou-se um bom instrumento para a PJ apresentar suas propostas.

1. Organização da PJB

Voltando a falar sobre a estrutura da PJB – o outro tema discutido durante essa assembléia –, algumas mudanças foram feitas e tiveram efeito a partir de julho de 1996, justamente após o IV Encontro da PJ. Veja a análise a seguir e o quadro com a nova estrutura:

O Setor Juventude é o órgão da CNBB que responde pela articulação da PJB e dos movimentos de jovens. Antes de 1983, a pessoa responsável pelo setor era diretamente escolhida pelos bispos. A partir desse ano, os(as) jovens puderam apresentar três nomes entre os quais os bispos fariam sua indicação. Em 1989, em Assembléia Nacional, foi feita a primeira escolha de uma pessoa para exercer o serviço na secretaria nacional da PJB.

A Assembléia Nacional (ANPJB), órgão de decisão da PJB, aconteceria agora a cada três anos. Sua composição anteriormente era proporcional ao número de dioceses e de PJ's específicas por regional. A divisão passou a ser paritária entre as quatro PJ's.

A Comissão Nacional de Assessores – formada pelo(a) assessor(a) nacional[41], um(a) assessor(a) de cada bloco, um(a) assessor(a) de cada PJ específica e o bispo responsável pela PJB – passou a ser constituída pelo assessor nacional, um(a) assessor(a) de cada PJ e o bispo responsável pelo Setor Juventude da CNBB. Suas funções são animar

---

[41] O(a) Assessor(a) Nacional é presença nas atividades nacionais das quatro PJ's, animando e estimulando a caminhada da PJB, exercendo o elo entre elas, estabelecendo diálogo entre as congregações religiosas e movimentos juvenis.

a caminhada da PJB, organizar os retiros e seminários nacionais, favorecer a formação e articulação de assessores(as) nas diversas instâncias, incentivar a liberação de assessores(as), aprofundar as questões da PJB e a questão ministerial da assessoria e elaborar subsídios.

A Comissão Nacional da PJB é formada por cinco jovens de cada uma das quatro PJ's, pelo secretário nacional, assessor(a) nacional e bispo responsável pelo Setor Juventude da CNBB. Juntos, têm o dever de encaminhar as decisões das Assembléias Nacionais, de ser o elo entre as PJ's, de agilizar a comunicação, repassar material e informações, avaliar, animar, contribuir e refletir sobre a organização da caminhada das PJ's, apontando novos rumos. É também função da CNPJB coordenar a caminhada da PJB, respeitando o protagonismo de cada PJ, partilhar experiências, e que estas sejam repassadas às PJ's para um aprofundamento, além de garantir harmonia, agilidade e unidade entre elas.

C – Fatos marcantes na história recente da PJ

O IV Encontro Nacional da PJ foi realizado em julho de 1996 e teve a presença de todos os 17 regionais. Foram aprofundadas a identidade e a missão e definida a organização. A missão da PJ foi montada com base na passagem da missão de Jesus (cf. Lc 4,18-22). Diz o último item:

> "Por isso, buscamos descobrir alternativas e propor ações concretas que respondam aos problemas que nós, jovens, vivemos. Procurando utilizar recursos, pedagogia e linguagem jovens que contribuam para transformar a realidade e concretizar os sinais da CIVILIZAÇÃO DO AMOR – 'O ANO DA GRAÇA DO SENHOR'."

Quanto à organização, a estrutura da PJ era semelhante à das demais específicas. A instância máxima de decisão ficou sendo o Encontro Nacional, realizado a cada dois anos. Não terá, porém, uma secretaria como as demais PJ's.

O V Encontro Nacional foi realizado em janeiro de 1998. Participaram mais de 200 delegados e delegadas de todos os cantos do país. A proposta, que não foi atingida totalmente, era de que comparecesse um jovem de cada diocese do Brasil. Colocou-se novamente em pauta a missão e a identidade da PJ. A contribuição dos grupos de jovens foi pequena. Era preciso que eles participassem da elaboração das discussões. Em razão disso, chegou-se à conclusão de que eram as bases que deveriam apresentar essas definições. Até o VI ENPJ, voltariam as conclusões da base. Em seguida, foram definidas as bandeiras de ação: educação e espiritualidade. Estabeleceu-se que elas seriam revistas no encontro nacional seguinte.

Em julho de 1998, aconteceu na cidade de Lins (SP) o III Concílio de Jovens. Já haviam transcorrido mais de 20 anos desde o último concílio, ocorrido também em Lins. Se no segundo a temática foi de organização da PJ, neste a ênfase recaiu sobre as missões jovens e a formação. A imensa maioria dos jovens e das jovens presentes pôde constatar a riqueza da experiência das missões jovens. Foram enviados às paróquias e comunidades da diocese de Lins, e lá puderam vivenciar a realidade do povo.

Em outubro de 1998, teve lugar no Chile o II Congresso Latino-americano de Jovens. Estiveram presentes quase 1.000 pessoas, com cerca de 730 delegados. Os demais eram convidados. O tema foi *Protagonismo e compromisso dos jovens como profetas da vida e da esperança na América Latina, a partir das mudanças culturais e das realidades de pobreza, no limiar do III Milênio.* Era um tema bem abrangente para a grandiosidade do evento. Foi um grande momento da PJ latino-americana.

D – A 12ª ANPJB

Quando lemos o texto sobre o Plano Trienal da PJB para os anos de 1999 até 2001, uma frase logo nas primeiras páginas chama a atenção: "Nosso desejo é que ele deixe de ser letra morta e se torne vida no meio da juventude". Como vimos, uma longa reflexão foi feita pela PJ desde a 11ª ANPJ. Pipocaram cursos, seminários, fóruns de discussão sobre as propostas levantadas lá. Em praticamente toda assembléia de PJ discutiam-se os planos da PJB.

A 11ª ANPJ deu unidade praticamente inédita à PJB. Os frutos dessa assembléia não foram "letra morta". As perspectivas que se abriram com a 12ª ANPJB eram bem melhores. E o desafio maior: consolidar e ampliar a proposta da PJB. Por isso, optou-se pela continuidade dos projetos, com alguns acertos e modificações.

A 12ª ANPJB tinha como objetivo "avaliar, celebrar e redimensionar os projetos da Pastoral da Juventude do Brasil, construindo novas estratégias para dar continuidade à caminhada, reforçando o compromisso, a unidade e a identidade, rumo ao Novo Milênio".

■ 132

A proposta do Plano Trienal (1999 a 2001) foi de orientar, animar e motivar as lideranças da PJB. O Projeto de Deus, que é o Reino e a construção da Civilização do Amor, tornou-se o fio condutor desse plano. Sem este eixo, não tem sentido existir PJ. A PJB é desafiada a assumir a causa do Reino, a construir, na Igreja, na sociedade e no mundo juvenil, a Civilização do Amor. A grande utopia indica que agora é o momento de concretizar, por meio dos três programas (Ação, Formação e Espiritualidade), uma missão transformadora e libertadora que gere novos céus e nova terra, partindo da nova mulher e novo homem.

A beleza deste plano, bem como a do anterior, está justamente na abertura que dá às diversas situações e realidades do país. O próprio documento da assembléia alerta para isso, quando diz que o plano não é feito para se aplicar tal e qual. É para ser tomado como referência. Não foi pensado para que os grupos de jovens o executem em suas reuniões semanais. O planejamento dirige-se às coordenações jovens, aos assessores, aos agentes pastorais, aos sacerdotes, religiosos e aos bispos, a fim de que possam animar e acompanhar a evangelização da juventude.

Ao todo, foram seis projetos (dois de ação, dois de formação e dois de espiritualidade). Coube a cada lugar planejar sua caminhada e escolher os aspectos a serem aprofundados no trabalho com a juventude. Cada projeto indica seu objetivo, aquilo que já se tem na realidade da PJ, algumas necessidades e orientações práticas e apresenta suas sugestões para cada ano. Ele encerra com a situação final, o ponto de chegada, a finalidade do projeto. Eis os projetos da 12ª ANPJB:

- Ação – Missão Jovem

- Ação – Cidadania

- Formação – Capacitação de coordenadores(as) e assessores(as) para o acompanhamento dos grupos

- Formação – Cidadania
- Espiritualidade – Escola de liturgia para jovens
- Espiritualidade – Escola bíblica para jovens

1. A organização da PJB

A reflexão sobre a melhor forma de se organizar a PJB não se acalmou com a adoção da paridade entre as quatro PJ's. Durante a 12ª Assembléia Nacional, ocorreram diversos questionamentos quanto a esta nova maneira de organização, definida a partir de 1995.

Algumas reflexões foram feitas e contribuições apresentadas. É fato que qualquer organização não pode fechar-se em torno de si mesma, pois perde-se em disputas e conflitos, em função do poder, e esquece-se do principal: a missão. Quando a organização não preenche seus critérios objetivos, tende a voltar-se para dentro e perder-se em questões periféricas ou em grupos fechados, por medo da mudança e, conseqüentemente, da morte.

Foi indicada a necessidade de se deixarem mais claros os papéis da Secretaria e Assessoria Nacionais, bem como da Coordenação Nacional e da Comissão Nacional de Assessores. Destacou-se a preocupação da pouca representatividade de algumas regiões.

A organização continuou paritária. A discussão ficou para que as pastorais conversassem internamente e que, até a 13ª ANPJB, apresentassem suas posições. Ressaltou-se também ser preciso maior atenção aos grupos de base; que a organização levasse em conta a realidade, sendo mais ágil e dinamizadora na comunicação, para que as diversas coordenações sintam-se parte integrante da PJB.

■ 134

E – No tempo do 2º Plano Trienal (1999–2001)

O período entre os anos de 1999 e 2001 reforça as tendências dos anos anteriores. Percebeu-se um crescimento na rede nacional de militantes, nos encontros com congregações e movimentos, nos encontros nacionais com coordenadores e assessores diocesanos. Realizaram-se, em várias partes do país, as escolas bíblicas e litúrgicas. A Semana da Cidadania se fortaleceu e o Dia Nacional da Juventude[42] firmou-se com temas que tratavam dos direitos humanos, das dívidas sociais e das políticas públicas para a juventude. Cursos também começaram a acontecer nas dioceses, tendo em vista o projeto de Formação de Coordenadores(as) e Assessores(as).

No campo da comunicação, muitos *sites* da PJ começaram a aparecer na Internet. Uns com vida mais longa e boas atualizações, outros nem tanto. Listas de discussão[43] sobre as PJ's foram brotando em nível nacional, mediante dioceses, setores, PJ's específicas, escolas. Surgiram listas de assessores(as), de comissões regionais, de grupos de estudo, de discussões metodológicas, teológicas. A primeira delas que se tem notícia é a *[Lista da PJ]*, criada em julho de 1998[44]. Muitas outras vieram depois. Uma pesquisa pela Internet, nos *sites* de busca e de listas, pode trazer boas surpresas.

No início do ano 2000, em Cuiabá, 320 delegados da PJ encontraram-se para o VI Encontro Nacional da PJ. Esse encontro foi marcado pelo estudo do 2º Plano Trienal, para apontar como as diferentes

---

[42] O ano de 1985 foi decretado pela ONU o Ano Internacional da Juventude. Como gesto concreto, a PJ assumiu a celebração do Dia Nacional da Juventude (DNJ), comemorado pela primeira vez em 1986. Atualmente, no Brasil, celebramos o DNJ no último domingo de outubro.

[43] Pessoas interessadas em debater um tema agrupam-se em listas. Uma mensagem sendo enviada para um único endereço eletrônico (o endereço da lista) é redistribuída para todos os participantes inscritos.

[44] O endereço da lista é http://groups.yahoo.com/group/pastoral_da_juventude

realidades da PJ no país estavam sendo atingidas e como estavam-se partilhando as experiências pastorais. Realizaram-se também missões jovens em diversos cantos da cidade de Cuiabá.

Outro ponto que merece destaque é o da participação política dos militantes da PJB. Muitos foram eleitos vereadores nas eleições de 2000. Alguns prefeitos, que já atuaram em grupos de jovens e articulações pastorais, também passaram pela aprovação do voto popular. Essa presença articulada se deve, em boa parte, à Rede Minka, uma organização dos militantes sociopolíticos que participam ou participaram da PJB.

Nesse período, uma iniciativa do Pe. Jorge Boran e equipe vem crescendo em todo o país: o Curso de Dinâmica para Líderes (CDL). O treinamento é dado em dois níveis. O primeiro é para os iniciantes. O segundo envolve participantes que revelam qualidades de liderança e são convidados a voltar para atuar como monitores de futuros cursos.

Em termos de estudos, merece destaque o *Marco referencial da Pastoral da Juventude do Brasil*. Publicado em 1998, foi objeto de análise de todas as instâncias da PJB. É uma referência significativa de nossa caminhada, já que reúne inúmeros princípios e orientações, bem como os modelos teóricos que temos para nossa prática. A 12ª ANPJB solicitou sua revisão. De lá para cá, muitos regionais estão trabalhando em sua atualização.

Outro destaque desse período foram as missões jovens. Elas se tornaram mais constantes e efetivas. Para os(as) jovens que as realizavam – muitos deles pela primeira vez –, a grande descoberta foi que eles ouviam muito mais do que falavam. Aquele que recebe a visita também evangeliza o(a) jovem missionário(a). A missão jovem ressalta que se deve ter respeito ao entrar na vida do outro, em especial de pessoas de outras religiões. O importante do discurso é levar a vida e a esperança.

No geral, entretanto, percebe-se que há muito ainda por fazer. Durante a preparação para a 13ª ANPJB, foi realizada uma pesquisa nacional para tentar traçar um perfil dos grupos e de como eles recebiam a proposta da PJB. Grande parte dos grupos não conhecia ainda a PJB e boa parcela da juventude não possuía contato com os grupos de jovens.

F – A 13ª ANPJB

Cerca de 170 participantes estiveram reunidos, de 24 a 31 de julho de 2001, na 13ª ANPJB, para avaliar o Plano Trienal, seus programas de Ação, Formação e Espiritualidade, em todo o país, de 1999 a 2001. Foi um momento de rever a história e planejar o caminho comum para os três anos seguintes. A cidade de Goiânia transformou-se no coração, no lugar afetivo e efetivo de encontro.

Os jovens e as jovens dos grupos puderam participar da assembléia por meio de cartas enviadas previamente. Eles foram convidados a escrever uma carta colorida (conforme o bloco ao qual seu regional pertencia)[45], enfeitada de acordo com a região em que seu grupo vive. Puderam apresentar aos delegados da assembléia o que fazem, quais suas dificuldades, como os(as) jovens do grupo vivem, o que mais gostam de fazer e outras coisas que quisessem partilhar. Foram montados cinco painéis coloridos com as cartas, relatos, fotos dos participantes e suas atividades, as casas onde moram e suas famílias. Esses painéis tornaram-se úteis para que os delegados pudessem perceber os clamores da juventude.

Os momentos de espiritualidade foram bem ricos, expressão da realidade e da luta do povo e de um Deus que é apaixonado por

---

[45] Sul – amarelo, Leste – azul, Oeste – vermelho, Nordeste – branco, Norte – verde.

todos, do jeito que as pessoas são, sem distinções e sem barreiras. Os jovens redefiniram sua missão e o novo Plano Trienal (2002–2004).

1. Desafios da PJB

Para a elaboração do plano, foram elencados quais seriam os principais desafios que nossa ação pastoral deveria enfrentar.

❑ Trabalhar com os(as) jovens para atingir a diversidade da juventude.

❑ Ter uma prática profética em vista da transformação da sociedade.

❑ Construir a unidade para promover a comunhão eclesial entre a PJB, outras pastorais e movimentos eclesiais.

❑ Capacitar e acompanhar os(as) jovens a partir do processo de educação na fé.

❑ Capacitar assessores(as) e coordenadores(as).

2. Novo Plano Trienal

Tomando por bases os desafios e a consciência da missão da PJB, foi definido o novo Plano Trienal (2002–2004). Ele é como um "mapa rodoviário", serve para dar a orientação, indicar os rumos a tomar, sempre considerando aonde se quer chegar. Não é para ser seguido como uma receita de bolo. Não é uma poção mágica. Serve para unificar nossos trabalhos pastorais.

Existiram três diferenciais deste plano com relação aos outros dois anteriores: a existência de eixos ou temas geradores, a diferenciação de quatro planos – um para cada pastoral da juventude – e as linhas de ação.

■ 138

Os eixos geradores são temas que vão perpassar todas as atividades realizadas pela PJB. Constituem-se no pano de fundo e na perspectiva comum da ação pastoral. São seis:

- *Políticas Públicas*

  ❑ Lutar para que os(as) jovens sejam contemplados como cidadãos dentro das políticas públicas, como educação, saúde, emprego, segurança. As necessidades concretas da juventude precisam ser transformadas em políticas públicas. Elas são vias concretas para que haja mais vida no meio dos jovens.

- *SINM – Ser Igreja no Novo Milênio*

  ❑ Estudar e vivenciar o projeto Ser Igreja no Novo Milênio, procurando seguir o exemplo dos primeiros cristãos, tendo uma solidariedade criativa, investindo na educação da fé, da esperança e da caridade, promovendo a comunhão eclesial, articulando a vida pessoal e comunitária e dando atenção prioritária à juventude em situação de risco.

- *CEB's – Comunidades Eclesiais de Base*

  ❑ Ter o modelo das CEB's como referencial de uma Igreja próxima dos problemas e alegrias do povo. A PJ possui este modelo como referência.

- *Campanha de superação da fome e da miséria – CNBB*

  ❑ Envolver-se na busca transformadora, e não só assistencialista, da luta contra a fome e a miséria promovida pela CNBB, que procura dar resposta concreta ao problema de milhões de pessoas que vivem abaixo da linha de pobreza.

- *Ano vocacional (2003)*
  - ❑ Em 2003, a Igreja do Brasil celebra o ano vocacional e se prepara para o congresso de 2005. Como agentes de pastoral junto aos jovens, temos de acompanhar seus projetos de vida partindo dos grupos.

- *Década de Superação da Violência 2001–2010*
  - ❑ É uma proposta do Conselho das Igrejas Cristãs assumido pelo Conselho Nacional das Igrejas Cristãs (CONIC). Tem como finalidade convocar todos os cristãos do mundo para construir uma cultura de paz.

A discussão principal, dentro da assembléia, em relação ao Plano Trienal, foi se ele seria apresentado como linhas de ação ou como um planejamento de ações (como vinha sendo feito desde a 11ª ANPJB). A tese das linhas de ação foi defendida principalmente pelos(as) jovens e assessores(as) da PJR do Sul. Diziam eles que é muito difícil ter um plano que contemple toda a realidade do país, e que as linhas de ação dão maior liberdade para que as pastorais possam trabalhar de acordo com seus ambientes específicos.

A manutenção da proposta do Plano Trienal era defendida principalmente pela PJ, que argumentava que o plano deu uma unidade a toda a PJB no campo da atuação comum nunca vista antes. Se algo era necessário mudar, seria a adaptação aos novos contextos, e não a essência da proposta.

Por fim, acabou-se optando pela manutenção das duas propostas. Serão levadas adiante as linhas de ação e os projetos do Plano Trienal. As primeiras são amplas e geradoras de programas e projetos concretos para a ação. São elas que irão indicar o rumo de nossa prática. Aqui estão:

Linhas de Ação

- **Linha de ação 1** – *Missão jovem*: Realizar missões jovens, respeitando a realidade e a diversidade da juventude, fortalecendo a dimensão missionária e o anúncio dos jovens aos jovens.

- **Linha de ação 2** – *Educação para a cidadania*: Contribuir com a política educacional, elevando a qualificação do aprendizado/ensino e a formação da consciência crítica, buscando dar respostas concretas às necessidades dos jovens, seja na escola, no trabalho, no lazer, na segurança ou na saúde.

- **Pistas de ação** – Contribuir na elaboração de currículos; participar das instâncias de gestão escolar; integrar o movimento estudantil.

Programa Ação

- **Projeto 1** – *Ação para a cidadania*: Tem como objetivo fortalecer uma prática missionária e profética em vista da transformação da sociedade.

- **Pistas de ação** – Destaque de questões ecológicas e de meio ambiente; prática do voluntariado, sem que isso represente a substituição do papel do Estado; contribuição na construção de um projeto popular para o Brasil; vivência de novos valores e relações, a fim de romper com a cultura dominante que é desumana; resgate, construção e socialização de soluções alternativas concretas; participação em conselhos municipais, estaduais e outros espaços nos quais podemos influir em políticas públicas para a juventude – por exemplo: Conselho da Infância e da Adolescência, Conselho de Educação –; proposta e acompanhamento de políticas públicas (especialmente para a juventude): educação, trabalho ou renda; possibilidade de acesso à terra, ao lazer, à cultura; ir ao encontro de jovens em situação de risco; trabalhos com os(as) jovens para atingir a diversidade da juventude; desenvolvimento de um trabalho junto aos(às) jovens indígenas: conhecer sua realidade, organizar e articular grupos específicos e sistematizar experiências.

Programa Formação

☐ **Projeto 1** – *Capacitação para assessores(as) e coordenadores(as)*: conquista de assessores(as); ministério da assessoria.

☐ **Projeto 2** – *Formação para a vida*: no tocante à cidadania, destacando a formação política e a cultura de paz; e com relação ao amor, enfatizando a sexualidade, afetividade e questões de gênero, família e opção vocacional.

Programa Espiritualidade

☐ **Projeto 1** – Formação e vivência bíblica e litúrgica.

☐ **Projeto 2** – Expressões e vivência da espiritualidade: promoção da memória dos mártires e lutas populares, do Ofício Divino das Comunidades e Leitura Orante da Bíblia, de retiros inspirados nos Atos dos Apóstolos.

Atividades Permanentes

1) **Dia Nacional da Juventude:** Encontro de massa, celebrado no último domingo de outubro; é ecumênico, sociotransformador e celebrativo-festivo; assumido pela coordenação nacional desde 1985; aborda temas ligados à vida do(a) jovem, em sintonia com a Campanha da Fraternidade.

2) **Semana da Cidadania:** Celebrada desde 1996 entre os dias 14 e 21 de abril; resgata e fortalece as lutas populares do Brasil; promove atividades concretas em favor da cidadania do(a) jovem.

3) **Grito dos Excluídos:** Realiza-se no dia 7 de setembro; congrega muitas entidades da sociedade civil; representa um gesto profético na construção de um novo milênio sem exclusões.

4) **Campanha da Fraternidade:** Realizada no Brasil desde 1964, durante a quaresma; o tema deve convocar a conversão; envolve toda a Igreja e organismos da sociedade civil.

5) **Campanha Jubileu / Semana Social:** Traz à sociedade o debate sobre a dívida externa e as dívidas sociais.

6) **Fórum Nacional de assessores:** Espaço de aprofundamento dos(as) assessores(as) que acompanham a PJB; realizado no começo do ano; participam do fórum os(as) assessores(as) nacionais, regionais, centros, institutos de formação da juventude e convidados.

Os projetos específicos de cada PJ foram elaborados para que tivessem garantida sua autonomia e fosse evitada a ruptura com a proposta de um planejamento comum. Os planos anteriores não apresentavam, explicitamente, como deveria ser a ação do(a) jovem em seu meio específico, seja meio popular, na escola ou no campo (também não impedia que adaptações acontecessem). Para que não se perdesse tempo com essa discussão, ficou aberta a possibilidade de as quatro pastorais desenvolverem seus planos próprios em cima do Plano da PJB e das linhas de ação.

Cada grupo de jovens, paróquia, escola, diocese, regional e nacional é convidado a elaborar o Plano Trienal 2002–2004, tendo como ponto de partida as necessidades concretas dos(as) jovens e como referencial este Plano Trienal.

3. Organização

Cinco propostas sobre a organização circularam dentro da 13ª ANPJB. Duas delas diminuíam o número de representantes da CNPJB, de cinco por pastoral para dois e três, continuando a paridade. Existia também a proposta de manter-se a organização de cinco jovens por pastoral. A outra estipulava o número de 20 membros na CNPJB, com quatro por bloco, mas abria o precedente de que se alguma não estivesse organizada naquele bloco, a vaga seria de outra pastoral. Assim seriam mantidas as experiências das regiões. A quinta proposta era de se voltar ao modelo anterior, até a 10ª ANPJ, no qual se designava um jovem por regional e um jovem por PJ específica.

Foram propostas polêmicas. Optou-se, então, por adiar a discussão para a 14ª ANPJB. Na votação, ficou decidido que serão encaminhadas as discussões para os regionais, cada um criará um espaço de reflexão entre as PJ's e apresentará os resultados na 14ª ANPJB. Até lá, continua a mesma estrutura. Esta nova discussão já está acontecendo. E isso é salutar. Ajuda a tornar toda a estrutura funcional e prática. Para o bem da juventude.

☑ Para questionar

1. Os fatos recentes da história do Brasil e do seu estado interferem na história de seu grupo? De que modo?

2. Você já tinha entrado em contato com o projeto da PJB? O que achou? O que é possível realizar?

Concluindo...

Se é p'ra ir p'ra luta eu vou. Se é p'ra 'tá presente, eu "tô".
Pois na vida da gente o que vale é o amor.

Zé Vicente

Gostaria de fazer um compromisso com você. Que assumisse comigo uma grande responsabilidade: traduzir esta realidade da PJ que analisamos em atitudes práticas para os(as) jovens que estão nos grupos. A maioria deles(as) não conhece a PJ, e, se já ouviram falar, não sabem sua história, seus métodos, seus encaminhamentos.

Conhecer bem a PJ não é a "salvação da lavoura". A realidade traz muitas pedras e transtornos. O grande desafio é superar as dificuldades que nos são apresentadas.

Nosso trabalho deve ser bem feito. E para tanto, deve haver uma estrutura forte e eficiente. Organizados e articulados por comunidade, paróquia, setor e diocese é mais fácil aplicarmos nosso trabalho. A estrutura assusta, a princípio, mas ela é uma necessidade. Surgiu porque os grupos estavam se organizando e precisavam de diretrizes comuns. E, com uma boa comunicação e articulação, tudo caminha melhor. Pelo menos sabemos que não estamos sozinhos. O que se precisa é que a estrutura seja funcional, que as informações circulem com mais facilidade.

Esta não é exatamente uma conclusão. A caminhada da PJB é um mudar e adaptar-se constantes. Algo novo e melhor está para brotar. Ou, como disse o Pe. Jorge Boran, "somos parteiras em tempo de gravidez"[46]. Entender o processo histórico da PJ é adequar-se aos novos tempos com criatividade, sem perder as intuições fundamentais. Prender-se a antigas receitas é condenar-se ao fracasso. Elas nos servem como referências, nunca como estratégias. Tenho plena convicção de que a juventude é parte querida no coração de Deus. "Basta que vocês sejam jovens para que eu vos ame", já dizia Dom Bosco, certamente sob inspiração divina. Assim também é o integrante da PJ. Ama o jovem e a jovem. E vê em cada um deles e delas um potencial muito grande.

Apresentemos, pois, ao(à) jovem a utopia do Reino. Vamos comovê-los (no sentido de movimento, de "mover com") com convicção, firmeza, desejo e alegria. Ele é possível. É promessa e realização. Não podemos desanimar neste objetivo. Acreditamos em Jesus Cristo e por isso o seguimos. Ele é o *Caminho, a Verdade e a Vida*. Que possamos percorrer este caminho em busca do Reino definitivo.

---

[46] *O futuro tem nome: juventude, op. cit.*, p. 73.

Bibliografia

Altoé, Adailton. *Metodologia e método*. São Paulo, CCJ, 1994.

_____. *Itinerário de Jesus* – Espiritualidade e pedagogia do seguimento. São Paulo, CCJ, 1995.

IPJ–Leste II. *Espiritualidade cristã* – uma proposta aos jovens. São Paulo, CCJ, 1996.

_____. *Cultivando a espiritualidade* – Sugestões para meditação e dias de oração. São Paulo, CCJ, 1996.

CPJ–Anchietanum. *Vivenciando a espiritualidade* – roteiros e celebrações. São Paulo, CCJ, 1995.

Antoniazzi, Alberto. *Cristianismo* – 2000 anos de caminhada. São Paulo, Paulinas, 1988.

_____. *ABC da Bíblia*. 28ª ed. São Paulo, Paulus, 1984.

Arns, Paulo Evaristo. *O que é Igreja*. São Paulo, Brasiliense, 1981.

Basso, Vilson. *Paixão e mudança* – Assessoria na Pastoral da Juventude. São Paulo, Paulinas, 1997.

Bianco, Enzo. *Melhoremos nossas reuniões*. São Paulo, Salesiana, 1984.

Boran, Jorge. *Curso de dinâmica para líderes*. São Paulo, Paulinas, 1999.

_____. *Juventude, o grande desafio*. São Paulo, Paulinas, 1989.

_____. *O futuro tem nome: juventude*. São Paulo, Paulinas, 1994.

_____. *O senso crítico e o método Ver Julgar Agir*. São Paulo, Loyola, 1977.

_____. *Os desafios pastorais de uma Nova Era* – Estratégias para fortalecer uma fé comprometida. São Paulo, Paulinas, 2000.

Bosco, Terésio. *Dom Bosco* – Uma biografia nova. São Paulo, Salesiana, 1993.

Brandão, Antônio Carlos e Duarte, Milton Fernandes. *Movimentos culturais de juventude*. São Paulo, Moderna, 1995.

CADERNOS DE ESTUDOS DA PJ NACIONAL – 2. *Dimensões da formação integral na PJ.* São Paulo, CCJ, 1995.

CADERNOS DE ESTUDOS DA PJ NACIONAL – 3. *Mística da caminhada.* São Paulo, CCJ, 1996.

CADERNOS DE ESTUDOS DA PJ NACIONAL – 5. *PJ e movimentos.* São Paulo, CCJ, 1993.

CADERNOS DE ESTUDOS DA PJ NACIONAL – 7. *Igreja: freio ou acelerador?* São Paulo, CCJ, 1991.

CADERNOS DE ESTUDOS DA PJ NACIONAL – 8. *Um jeito novo.* São Paulo, CCJ, 1996.

CASTILHO, Edson Donizetti. *Curso de Pastoral da Juventude – 2º Módulo.* São Paulo, Salesiana, 1995.

CELAM. *Assessoria e acompanhamento na Pastoral da Juventude.* São Paulo, CCJ, 1994.

_____. *Civilização do amor: tarefa e esperança.* São Paulo, Paulinas, 1997.

_____. *Congresso Latino-americano de Jovens.* São Paulo, CCJ, 1992.

_____. *Conclusões – II Congresso Latino-americano de Jovens.* São Paulo, CCJ, 1999.

_____. *Espiritualidade e missão da Pastoral da Juventude.* São Paulo, CCJ, 1996.

_____. *Os processos de educação na fé dos jovens.* São Paulo, CCJ, 1995.

_____. *Pastoral da Juventude – Sim à civilização do amor.* São Paulo, Paulinas, 1987.

CNBB. *A palavra de João Paulo II no Brasil* (discursos e homilias). São Paulo, Paulinas, 1980.

_____. *Bíblia sagrada.* Tradução da CNBB. São Paulo, Paulinas, 2001.

_____. *Caminhamos na estrada de Jesus – O Evangelho de Marcos.* São Paulo, Paulinas, 1996.

_____. *Diretrizes gerais da ação evangelizadora da Igreja no Brasil 1995–1998* (Doc. 54). São Paulo, Paulinas, 1995.

_____. *Diretrizes gerais da ação evangelizadora da Igreja no Brasil 1999–2002* (Doc. 61). São Paulo, Paulinas, 1999.

CNBB. *Manual da Campanha da Fraternidade 1992*. São Paulo, Salesiana, 1991.

_____. *Marco referencial da Pastoral da Juventude do Brasil* (Estudos 76). São Paulo, Paulus, 1998.

_____. *Missão e ministérios dos cristãos leigos e leigas* (Doc. 62). São Paulo, Paulinas, 1999.

_____. *Pastoral da Juventude no Brasil* (Estudos 44). São Paulo, Paulinas, 1986.

_____. *Rumo ao Novo Milênio*. São Paulo, Salesiana, 1996.

COMBLIN, José. *Vocação para a liberdade*. São Paulo, Paulus, 1998.

CONTRERAS, Juan Manuel. *Como trabalhar em grupo*. São Paulo, Paulus, 1999.

COORDENAÇÃO ARQUIDIOCESANA DA PASTORAL DA JUVENTUDE. *Grupos de Jovens – Nova Experiência*. São Paulo, Paulinas, 1979.

CRB. *A leitura orante da Bíblia*. São Paulo, Loyola, 1990.

DICK, Hilário. *O caminho se faz* – História da Pastoral da Juventude do Brasil. Porto Alegre, Evangraf, 1999.

_____. *O jovem na Bíblia* – 20 roteiros de trabalho. Petrópolis, Vozes, 1995.

DIOCESE de São Miguel Paulista. *Calendário da ação pastoral*. São Miguel Paulista, 1995.

FARIA FILHO, Luciano Mendes. *Classes sociais e pastoral da juventude* – Elementos para uma pastoral da juventude dos meios específicos. São Paulo, Paulinas, 1988.

GASQUES, Jerônimo. *Grupo de jovens* – Por onde começar? São Paulo, Paulus, 1989.

_____. *Grupo: pessoa e amizade*. São Paulo, Paulus, 1999.

IPJ – Porto Alegre. *Cultivando a mística*. Porto Alegre, Evangraf, 1998.

_____. *Revistas PJ a Caminho nº 59, 60, 61, 62* – Revista do IPJ/RS, 1995.

_____. *Revistas PJ a Caminho nº 63, 64, 65* – Revista do IPJ/RS, 1996.

_____. *Revistas PJ a Caminho nº 67, 68, 69* – Revista do IPJ/RS, 1997.

_____. *Revistas PJ a Caminho nº 71, 72, 73, 74* – Revista do IPJ/RS, 1998.

_____. *Revistas PJ a Caminho nº 75, 76, 78* – Revista do IPJ/RS, 1999.

IPJ – Porto Alegre. *Revistas PJ a Caminho nº 79, 81, 82* – Revista do IPJ/RS, 2000.

_____. *Revista PJ a Caminho nº 83* – Revista do IPJ/RS, 2001.

JOÃO PAULO II. *Carta Apostólica Novo Millennio Ineunte* – No início do novo milênio. São Paulo, Paulinas, 2001.

MARDONES, José Maria. *Utopia, sociedade e religião.* São Paulo, Loyola, 1999.

MESTERS, Carlos. *Com Jesus na contramão.* São Paulo, Paulinas, 1995.

MOURA, Ana Cláudia Brito. *Olho vivo, juventude.* Osasco, Pastoral da Juventude de Osasco, 1996.

OLIVEIRA, José Fernandes de (Pe. Zezinho). *Rebeldes e inquietos em Jesus Cristo.* Aparecida, Santuário, 1986.

PASTORAL da Juventude de São Miguel Paulista. *O jovem e o Reino* – Esperança e utopia. São Paulo, 1998.

PASTORAL da Juventude de Pouso Alegre. *Caminhando e crescendo* – Encontros para formação de grupos de jovens – 1 – Dimensão de personalização e descoberta do grupo. São Paulo, Paulus, 1998.

PASTORAL da Juventude do Brasil. *Construindo novas respostas e estratégias.* Subsídio preparatório para a 12ª ANPJB, 1998.

_____. *Avançar é ousar* – Plano Trienal 1999-2001. São Paulo, CCJ, 1998.

PASTORAL da Juventude do Meio Popular NE II. *Grupos de jovens a caminho da libertação.* São Paulo, Paulinas, 1989.

PELLÁ, Angelo Virgílio. *O jovem face a face com Cristo* – Reflexão sobre grupos de jovens. Petrópolis, Vozes, 1987.

PIEDORNA, Enedina et al. *História da PJ no Brasil.* Rio Grande do Sul, IPJ/RS, 1990.

QUEIROZ, Raimundo Nonato de. *Como ser eficaz em grupo?* São Paulo, Paulus, 1996.

RAY, Pe. *Sem mim nada podeis fazer.* São Paulo, Paulus, 1997.

ROCCA, Nicola e SCHIRINZI, Luigi. *Una realtà que cambia la storia.* Terlizzi (Itália), Insieme, 2000.

SANTOS, Jair Ferreira dos. *O que é pós-moderno.* São Paulo, Brasiliense, 1993.

SETOR Juventude da CNBB. *Ousamos olhar para a frente* – Plano Trienal da PJ do Brasil 2002–2004. São Paulo, CCJ, 2001.

SCHIO, Adilson. *Assessoria em novos tempos*. Porto Alegre, Instituto de Pastoral de Juventude, 1997.

SUNG, Jung Mo. *Desejo, mercado e religião*. Petrópolis, Vozes, 1998.

Vaticano. *Compêndio do Vaticano II*. Petrópolis, Vozes, 1986.

VV.AA. *Caminho aberto* – Como colocar a CF 92 nas ruas. São Paulo, CCJ, 1991.

VV.AA. *Rumos da Pastoral da Juventude* (Em debate). São Paulo, CCJ, 1993.

WHITAKER, Chico. *Religião e política podem se misturar?* São Paulo, Salesiana, 1996.

Impresso na gráfica da
Pia Sociedade Filhas de São Paulo
Via Raposo Tavares, km 19,145
05577-300 - São Paulo, SP - Brasil - 2004